T0247669

NUEVOS ESCENARIOS
DE VIOLENCIA

PUBLICACIONES
DE LA UNIVERSIDAD PONTIFICIA COMILLAS
MADRID

REFLEXIONES COMILLAS

CIENCIAS SOCIALES, I

PEDIDOS

Universidad Pontificia Comillas de Madrid
Servicio de Publicaciones
C/. Universidad Pontificia Comillas, 3
28049 Madrid
Tel.: 91 540 61 45 • Fax: 91 734 45 70
28015 Madrid

Ana García-Mina Freire
(Coordinadora)

NUEVOS ESCENARIOS
DE VIOLENCIA

Fernando Vidal Fernández
Alicia Moreno Fernández
Blanca Gómez Bengoechea
Ana Berástegui Pedro-Viejo
Rosario Paniagua Fernández
Rosalía Mota López
Mª Angustias Roldán Franco
Laura Gismera Tierno
Mª José Martín Rodrigo
José Ignacio Linares Hurtado

UNIVERSIDAD PONTIFICIA
ICAI ICADE
COMILLAS
M A D R I D

2008

© Universidad Pontificia Comillas de Madrid
© Todos los autores

Diseño de cubierta: Belén Recio Godoy
Composición: Rico Adrados, S.L.

Imprime: Amábar, S.L.

ISBN: 978-84-8468-131-1
D.L.: BU-106. – 2008
Printed en Spain – Impreso en España

ÍNDICE

PRÓLOGO

Miguel Juárez Gallego
Vicerrector de Relaciones Internacionales y
Servicios a la Comunidad Universitaria
Universidad Pontificia Comillas de Madrid

La violencia no tiene fronteras, está presente en todos los grupos étnicos, en todas las edades, clases sociales, religiones... Como expresaba Nelson Mandela *"El siglo XX se recordará como un siglo marcado por la violencia (...) Ningún país, ninguna ciudad, ninguna comunidad es inmune a ella"*[1]; es una de las principales lacras de nuestra sociedad.

Desde nuestra responsabilidad como Institución Universitaria, consideramos esencial sumarnos a la labor, que desde otras instituciones pertenecientes al escenario socio-político, se está desarrollando en torno a esta problemática. Con esta convicción y desde esta exigencia social se ha escrito este libro que tengo el gusto de prologar.

Este libro analiza la violencia en general y reflexiona sobre los *"Nuevos Escenarios de la Violencia"* en particular. Todo él está escrito por un grupo de profesores de la Universidad Pontificia Comillas de Madrid desde una perspectiva interdisciplinar. Todos ellos son docentes de sociología, trabajo social, psicología, derecho e ingeniería.

El objetivo del libro es doble. Presenta unas reflexiones personales y de grupo sobre el problema individual y social de la violencia en sus diferentes manifestaciones y, así mismo, presenta algunas propuestas para tratar de erradicarla. Personalmente, comparto la idea de los autores de que la violencia es hoy uno de los problemas sociales más preocupantes de las sociedades modernas de la información y la comunicación. Efectivamente, la violencia es hoy una de las protagonistas de los telediarios y de los periódicos. Ocupa titulares en las noticias de televi-

---

[1] N. MANDELA (2002), Prólogo del Informe Mundial sobre Violencia y Salud. OMS, p.7.

sión y en las primeras páginas de los periódicos de gran tirada nacional e internacional.

Algunos autores han definido la violencia como "toda acción ejercida sobre el ser humano con vistas a disminuir su libertad de ejecución" y también como "una acción ejercida por una o varias personas en donde se somete de manera intencional al maltrato, presión, sufrimiento, manipulación u otra acción que atenta contra la integridad física, psicológica y moral de cualquier persona o grupos de personas". Es indudable que la violencia está muy presente en nuestro mundo globalizado y por ello podemos afirmar que no hay ámbito estructural en el que la violencia no esté presente. Desde luego, la violencia está presente en los niveles macrosociales, pero también lo está, y mucho, en los niveles microsociales. Su manifestación aparece con claridad en la vida doméstica, familiar, en el quehacer cotidiano, en la vida política, socio-económica, cultural y también, como no, en la violencia delincuencial.

Este libro nos ayudará a entender y comprender más y mejor algunos aspectos significativos y relevantes del fenómeno de la violencia en nuestras sociedades, pues la violencia es, sin duda, uno de los fenómenos sociales y políticos más importantes y preocupantes de ámbito nacional e internacional que afecta y preocupa a muchos individuos, grupos, comunidades, que esperan respuestas concretas.

Así lo han entendido y expresado desde la Comisión de las Comunidades Europeas en su Propuesta modificada de Decisión del Parlamento Europeo y del Consejo por la que se establece para el período 2007-2013 el Programa específico *"Lucha contra la violencia Daphne"* como parte del Programa general *"Derechos fundamentales y justicia"*.

Y así lo han entendido y discutido los autores de este libro titulado *"Nuevos Escenarios de Violencia"*, cuyo contenido se estructura en torno a tres grandes bloques temáticos: 1.º) el primer bloque temático analiza los nuevos aceleradores de la violencia remodernizada; 2.º) en el segundo bloque, que comprende los siguientes tres capítulos, se aborda la violencia familiar en sus diversas vertientes: en la pareja, hacia los menores y los mayores; y 3.º) en el tercer y último bloque se reflexiona sobre la violencia en diferentes ámbitos de la vida social: el bulling, en el capítulo quinto, el mobbing, en el capítulo sexto y el papel de la nuevas tecnologías en la superación de los conflictos bélicos internacionales en el séptimo y último capítulo.

En el primer bloque temático: *"Los nuevos aceleradores de la violencia remodernizada"* (capítulo primero), el profesor Fernando Vidal expone y analiza cómo las sociedades modernas de todo el mundo se estremecen ante nuevos modos de violencia que, pareciendo un remanente de la sociedad tradicional, en realidad son fenómenos nutridos por el modelo de la remodernización que se está produciendo globalmente. La remodernización está remodelando las estructuras macrosociales en una forma que ha multiplicado las tensiones sociales, pero a la vez, lo microsocial, que ha sido radicalmente liberado de los prescriptores tradicionales, sufre una nueva violencia que se ceba especialmente en los más vulnerables: las mujeres, los niños, los mayores, y los jóvenes. También la violencia contra uno mismo se ha elevado como muestra la extensión de fenómenos como: la abulimia y la anorexia. La violencia no es un remanente sino un fenómeno emergente que la radicalización de la remodernización, según el modelo vigente, no hará más que agravar.

En el segundo bloque (capítulos segundo, tercero y cuarto) se abordan distintas problemáticas en torno a la violencia familiar. La profesora Alicia Moreno (capítulo segundo) reflexiona sobre *"La violencia en la pareja: de las desigualdades al abuso"*. Denuncia cómo los casos más extremos de abuso o violencia comienzan con desigualdades en la relación. Se plantea como objetivo desvelar y analizar dichas desigualdades, a menudo invisibles pero reflejadas, por ejemplo, en las asimetrías en los roles de hombres y mujeres, los cuidados emocionales, las diferencias en el uso del tiempo, la participación en la toma de decisiones, o el reparto de cargas y privilegios.

Las profesoras Rosario Paniagua y Rosalía Mota (capítulo tercero), plantean el tema de los *"Malos tratos familiares hacia las personas mayores: factores de riesgo y estrategias para la intervención"*. Este capítulo tiene como propósito poner de relieve un serio problema de nuestra sociedad que actualmente suscita una gran preocupación y la sospecha de que no se le da la importancia suficiente. Cuenta con el mayor de los silencios, pues sus víctimas callan, y por tanto se hace muy difícil su cuantificación. Esta violencia es un ejemplo extremo de la indefensión de que son víctimas las personas mayores y sin duda representa una de las caras más oscuras de la sociedad.

En el capítulo cuarto, las profesoras Blanca Gómez Bengoechea y Ana Berástegui Pedro-Viejo analizan *"La violencia sobre los niños: el maltrato infantil y el castigo físico en el seno de la familia"*. Tratan las cuestiones relativas al maltrato infantil en el marco de la prevención y la promoción de relaciones de buen trato desde una perspectiva multidisplinar.

El resto de los capítulos que componen el libro nos ayudan a reflexionar sobre tres tipos de violencia presentes en la vida social. En primer lugar, la profesora Angustias Roldan (capítulo quinto), analiza el *"Bulling: acoso moral y maltrato entre escolares"*, tratando el tema del maltrato y el acoso entre iguales dentro del contexto escolar. A lo largo de este capítulo se intenta aclarar el concepto, su significación social y los perfiles de los sujetos que participan en él (víctimas, agresores y observadores), las causas y consecuencias del fenómeno, así como también los factores tanto protectores como de riesgo.

A continuación, en el capítulo sexto, las profesoras María José Martín y Laura Gismera, abordan el *"Mobbing: el acoso moral en el trabajo"*. Nos plantean cómo en la sociedades occidentales altamente cualificadas está comenzando a aflorar un problema en las organizaciones cuyas dimensiones están haciendo que los legisladores, políticos, psicólogos, abogados y profesionales de la salud tengan que ponerse a trabajar juntos para ponerle freno y poder controlarlo. Se trata del acoso moral en el trabajo, cuyos efectos para la salud física, psíquica y social de quien lo padece pueden llegar a ser devastadores, amén de la merma de competitividad potencial de las empresas en las se da este tipo de violencia.

Y para completar este análisis multidisciplinar, contamos con la reflexión del profesor José Ignacio Linares sobre *"El papel de las nuevas tecnologías energéticas en la superación de los conflictos bélicos internacionales"*. Como nos indica el autor, el escenario actual de la energía favorece los conflictos internacionales al posibilitar el ejercicio de políticas de presión a nivel mundial. Ante esta situación, un futuro esperanzador implicará la necesidad de que tomemos conciencia del problema y contemos con una información objetiva y veraz sobre las nuevas tecnologías energéticas; de esta manera nos indica Linares, se irá creando un desarrollo sostenible desde el que será posible superar estas situaciones de violencia internacional.

Quiero decir, finalmente, que estamos ante un libro rico en información y en reflexión personal, discutida y compartida por sus autores sobre los *"Nuevos Escenarios de Violencia"* en nuestra sociedad. Animo a los lectores interesados en los temas de violencia individual, familiar, laboral y geopolítica a que lean despacio esta obra colectiva del grupo de profesores de la Universidad Pontificia Comillas de Madrid. Estoy seguro de que les dará ideas e intuiciones para debatir los nuevos escenarios de la violencia en España y en otros países de la Unión Europea. Y, naturalmente, les felicito a todos y todas por esta aportación importante y novedosa, pues estoy seguro que ayudará a entender el panorama actual de la violencia. Mi felicitación y agradecimiento especial es para la Profesora Ana García-Mina por su excelente trabajo de coordinación del grupo y porque estoy convencido del valor, importancia, y repercusión social de esta obra.

CAPÍTULO I

LOS NUEVOS ACELERADORES DE LA VIOLENCIA REMODERNIZADA

Fernando Vidal Fernández
Departamento de Sociología y Trabajo Social
Facultad de Ciencias Humanas y Sociales
Universidad Pontificia Comillas de Madrid

"Odio luego existo"
(Marilyn Manson)

1. VIOLENCIA Y DOMINACIÓN

Necesitamos para comenzar establecer la idea de lo que vamos a entender por violencia. La violencia es la violación de la integridad de la persona y suele entenderse que se ejerce violencia cuando interviene la fuerza física o la amenaza de su uso, pero también cuando se actúa en una secuencia que causa indefensión en el otro. Un ejemplo de lo primero es la violación de los Derechos Humanos de alguien; de lo segundo, el abuso o el suicidio; de lo tercero, el despido de alguien sin que tenga ocasión de justificación. Aunque en términos estrictos, la violencia exige para ser considerada como tal la intervención efectiva o potencial de fuerza física, en un sentido laxo, es violencia la corrupción de la presencia con la integridad que requiere su dignidad. La negación de la dignidad de la persona —de la vida— es la operación de la violencia.

La violencia es difícil que sea un acto sino que es un proceso largamente incubado que precisa la formación de una persona o instituciones violentas, de sujetos víctimas potencialmente propicias y de situaciones donde ésta se produce. Eso lleva a pensar que aunque la tentación de la violencia es una constante en la acción humana, la cultura social —es decir, el conjunto de creencias, valores, sentimientos y praxis que regulan lo social, tanto la sociabilidad como las relaciones societales más globales– la modela de modo fundamental, es siempre un regulador crucial. No obstante, el odio anida en el corazón de todos como una posibilidad al alcance de la intimidad y libre de la exposición al público. Aunque la cultura social incite al odio y la violencia, necesita de la disposición de cada persona libremente a tomar parte. Es una opción personal porque nadie puede obligar a odiar, aunque lo incite de forma tan poderosa que se convierta en un modo de tener respetabilidad, juzgarse moralmente bueno o ejercer violencia como forma de buscar el bien de la propia víctima –*la letra con sangre entra*–.

El arraigo de la violencia en el comportamiento humano lo testimonia su huella en los relatos más antiguos y primarios que la humanidad tiene en su patrimonio. Pero puede que la misma violencia no signifique lo mismo en las distintas épocas.

A la vez, ha ido mostrando que la violencia no es un hecho simple ni que la violencia sea fácilmente juzgable ni necesariamente ilegítima sino que existen situaciones en que la violencia es legítima y necesaria para evitar una violencia más injusta. No obstante, existe conciencia de que siempre cualquier violencia es injusta aunque sea necesaria y que es el resultado de una situación en la que todos de una forma u otra participamos. Dos ejemplos nos ayudarán a aclarar esta idea. La prisión es una institución que debe avergonzar a todos los ciudadanos que vivan en una sociedad que las necesite. Incluso en los mayores crímenes, la sociedad es deudora de haber facilitado un mundo mejor en el que ese crimen no hubiera de haber sido cometido. Un paradigma de la violencia justa es la guerra justa como la que los aliados emprenden contra el eje fascista, pero no han cesado las reflexiones que ven el mundo nazi como la culminación de procesos belicistas, imperiales, antisemitas, nacionalistas, de exclusión –como el esclavismo, por ejemplo– y capitalistas que habían sido promovidos incluso principalmente por los Aliados.

La violencia es una acción que cometen unos pero en la que participamos todos de distintos modos, incluso quienes la sufren. La víctima es doblemente víctima por cuanto se corrompe su integridad y fracasa junto con la sociedad que fracasa en la violencia que ejercen contra él. La víctima siente el desplome de su vida y la corrupción de la sociedad en la que esa violencia acontece.

La violencia tiene como fin la afirmación del dominio, tiene como fin inmediato la dominación aunque su objetivo final sea la explotación o pueda ser la alienación de la gente. La violencia busca el control de la presencia, las condiciones del estar.

La violencia nunca es un fin en sí misma sino que siempre es una operación entre personas, siempre toma al otro como medio en vez de como fin por sí mismo. La violencia se caracteriza por hacer del otro un medio, por ser una operación que logra sustraer al otro de sí mismo y convertirlo en una herramienta para hacer algo que el violento busca. La violencia rompe la idea de que el otro es inviolable, es propio, es singular; roba a la persona su propiedad –su nombre propio, su autonomía, su libertad– sustrayéndole parte de su presencia, rompiendo su estar, su cuerpo y lo suyo. Todo aquello que el sujeto identificaba como su yo, su propio estar –comenzando por su cuerpo pero también su ropa, su casa, sus cosas o los suyos– es arrancado de esa identidad y corrompido. La violencia siempre actúa sobre el estar, sobre la íntima presencia de la víctima –principalmente su más íntimo estar que es su cuerpo–. Toda espiral de violencia –aunque ésta sea muy estructural, anónima e institucionalizada como es el caso de las leyes o de las condiciones injustas de una sociedad– acaba operando sobre el *estar* del sujeto. También acaba manifestándose así cuando se corrompen otras necesidades radicales de la persona como es su necesidad de hacer, de tener y de ser que siempre acaban afectando a la presencia. Por eso la exclusión social –que entendemos como desempoderamiento de la presencia– siempre acaba haciendo uso de la violencia aun cuando ésta se presenta como justa o necesaria –por ejemplo, la expulsión de personas de la calle de los barrios poderosos de la ciudad–.

La violencia no es un fin en sí misma sino que actúa al servicio del desquiciamiento de quien la ejerce personalmente, de instituciones o de la sociedad a través de personas concretas –la sociedad que fracasa en la violencia–. No siendo un fin en sí misma, la violencia parece ser presentada como un fin en sí misma por las políticas de violencia que la clasifican y acaban haciendo un tratamiento aislado en donde se ve al sujeto llevado por la violencia más que al contrario. La violencia se convierte en un papel social o un acto institucional de los que los sujetos hacen uso o que asumen; la violencia acaba siendo un lugar vacío que es ocupado por distintos sujetos que la cometen en sus distintos tipos. La violencia acaba siendo un hecho social sin sujetos o un hecho psicológico sin matriz social: en un caso y en otro son hechos que pierden la fuente del sentido. Ambas acaban siendo epifenómenos de la judicialización de la violencia, de la respuesta predominantemente política al fenómeno de la violencia. La definición moderna weberiana de Estado como monopolio de la violencia acaba convirtiendo al Estado en árbitro y jugador de la violencia; acaba dando al Estado –sean gobernantes o jueces– el poder para autojuzgar su propia violencia, una peligrosa autorreferencialidad sobre todo cuando los Estados han sido los medios para cometer los mayores crímenes de la Historia y el fin de la primera modernidad –Gulag, Holocausto, Hiroshima– dan testimonio sangrante de ello.

Al ver la violencia como un medio se puede entender que un mismo fenómeno puede estar sirviendo a distintos tipos de dominación, lo cual es fundamental para comprender fenómenos como el abuso escolar. Tras un hecho común que es la pelea en el patio, puede haber fenómenos bien distintos antes y ahora.

Esta es una de las claves principales para comprender los asesinatos de mujeres por parte de sus parejas o ex-parejas. Parte del fenómeno es la continuación del homicidio conyugal, del *pecado de Otello* vencido por sus celos, pero es de temer que esa figura de la violencia contra las mujeres forme parte de un fenómeno más amplio que especialmente se ceba sobre la comunidad familiar, especialmente los más débiles de esa comunidad. Si ello es así, cuando actuamos con medios antimachistas convencionales estaremos interviniendo sólo sobre una parte del problema y no sabemos si la mayor, aunque esa lucha antimachista es imprescindible y no sustituible por ninguna otra política, puede que un diagnóstico insuficiente sea contraproducente si está ampliando el problema raíz. Puede que la misma violencia no signifique lo mismo.

Por eso se hace necesaria una lectura más general del estado actual de la violencia, una lectura de la violencia en el mundo de hoy. Un mundo del que se dice que por todas partes aparece un nuevo género de violencia que es el que hoy está cebando la violencia de género. Si reflexionamos sobre la violencia en nuestro tiempo podremos comprobar que la violencia contra las mujeres es una de las manifestaciones más crueles de un fenómeno de mayor calado todavía.

La violencia no es un único movimiento cultural sino que constituye distintas dinámicas contradictorias, descoordinadas y con distintas tendencias. Algunos modos de violencia se van extinguiendo mientras otros comienzan su aparición, incluso a veces asociados a la misma forma física de violencia. La primera reflexión tendríamos que hacer nuestra la imagen que figura que la violencia es un género con muchas especies, algunas remanentes y otras emergentes.

Por ello a veces no se corresponde la percepción de violencia con una extensión efectiva de ésta. Cierto es que dicha percepción no es tanto una descripción como una valoración: hay hechos violentos que contemplados trescientos años atrás no nos parecerían escandalosos y hoy su mera existencia revolucionaría a la opinión pública. Hay otros hechos, quizás más graves, que puede que estén tan naturalizados y rutinizados que en cambio serían inaguantables para nuestros antepasados y nosotros los toleramos con normalidad.

Queda por ver si estamos en una época más violenta que otras pasadas pero parece que estamos ante una época con otras condiciones de violencia. Especialmente intentaremos ver si existen nuevos aceleradores que intensifican el ejercicio de la violencia; si se ha formado un mundo en el que es más probable ejercer la violencia. Puede que estemos ante la paradoja de que sea menos posible la violencia –al menos moralmente menos defendible– pero sin embargo más probable. ¿Se ha remodernizado la violencia? Para responder a este interrogante, iremos interpretando, a lo largo de los diferentes capítulos que componen el libro los distintos signos de la realidad de la violencia en nuestro tiempo. En este primer capítulo nos detendremos a reflexionar sobre tres fenómenos emergentes en el ejercicio de la violencia: la autoviolencia, la violencia comunitaria, como un tipo de la violencia de proximidad, y la cultura de la violencia. En los capítulos siguientes se analizará la violencia familiar en sus diversas vertientes, el bulling, el mobbing, y el papel de las nuevas tecnologías energéticas en la superación de los conflictos bélicos internacionales.

2. AUTOVIOLENCIA

2.1. Suicidio sincronizado

En primer lugar queremos explorar la autoviolencia como un fenómeno emergente. Hay que reseñar la existencia de una nueva idea del suicidio o al menos una nueva presentación que ha ido configurándose desde los noventa. España se caracteriza por unas formas suicidas todavía muy convencionales de tasas bajas. El suicidio ha bajado en España tras incrementarse a mitad de los años noventa: en 1997 alcanzó al 6,98 por cien mil y en el 2003 bajó hasta el 5,26 por cien mil, una cifra menor que la que sufríamos hace una década (en 1994, teníamos una tasa de suicidio del 5,98 por cien mil) (Instituto Nacional de Estadística). Lo novedoso en el suicidio actual es la aparición progresiva en distintos países de nuevas formas de suicidio y una apología creciente del suicidio sobre todo a través de Internet.

El suicidio se ha convertido en uno de los medios para hacer escalofriar a la sociedad sobre todo en sus nuevas formas rituales colectivas. Existen actualmente grupos que hacen una apología del suicidio como una forma radical de autoafirmación, como un modo de causar un daño a la sociedad y de negarle a la sociedad aquello que pretende. Efectivamente, que alguien se quiera matar en una sociedad opulenta y que aparentemente carezca de causas patológicas sino que sea acometido como una operación racional a sangre fría es uno de los mayores sinsentidos y es un miedo que penetra hasta el fondo de las clases más pudientes que ve cómo esa posibilidad se cuela por las rendijas de las puertas cerradas de las habitaciones de sus hijos adolescentes.

En septiembre de 2004 comenzó una cadena de suicidios rituales en Japón que ya había hecho su primera aparición a finales de los noventa: cuatro jóvenes acordaron por Internet suicidarse y así lo hicieron juntos en un coche en un aparcamiento cerca de Tokio. Tres semanas después, el once de octubre de 2004, nueve jóvenes ejecutaron también un pacto de suicidio en dos coches inhalando gases de un brasero de carbón, clausurados con cinta de vinilo o con una lona cubrecoches para que no hubiera salidas de aire y tras ingerir somníferos. Un mes más tarde, otro más: seis personas de provincias diferentes quedaron juntas en dos lugares distintos y cometieron el mismo tipo de suicidio. En 2003 se produjeron treinta y cuatro suicidios colectivos en Japón y en 2004 se llevaban, contando ese último, veintiséis rituales. En 2003, Japón había batido su récord histórico de suicidios.

Lo cierto es que existen numerosas webs de apología del suicidio y descriptivos relatos instrumentales de cómo llevarlo a cabo. En Internet se pueden encontrar foros donde se anuncian ofertas de suicidio colectivo que invitan a compartir dicho acto sincronizadamente. El suicidio sincronizado introduce un nuevo espanto que repugna al sentimiento y la dignidad de la gente y ése es precisamente uno de los efectos que se busca. Son suicidios sincronizados que buscan explícitamente cometer un atentado contra la gente a cuenta de la propia vida. Es un escándalo de tal magnitud que corroe la comprensión de la sociedad que ve cómo esas personas han negado el principio de autobienestar que en principio preside la motivación liberal. El suicidio sincronizado contiene todos los componentes del asesinato premeditado y niega todas las motivaciones liberales. El suicidio sincronizado se aleja de aquellos casos de sectas que se suicidan en aras de un apocalipsis o como testimonio público de una desquiciada escatología, sino que esta nueva modalidad es una negación radical de la propia civilización liberal verificada por una total negación de la propia vida.

El soldado o el terrorista suicida lo hacen en favor de la victoria de una causa pero el suicidio sincronizado tiene como objeto su negación absoluta. No es una protesta ideológica al estilo postmoderno donde era posible asumir una ideología sin que se verificara en el propio estilo de vida. En este caso algunos de los principios postmodernos se radicalizan interiorizando un nihilismo que se convierte en un atentado contra la civilización. No es un nihilismo sin ninguna esperanza sino que es una inmolación que denuncia, que quiere destruir la esperanza de la civilización moderna.

2.2. Automutilación

La automutilación es otro de los fenómenos que han emergido con fuerza en la última década y que consiste en someter al propio cuerpo a rituales de violencia que lo castigan o deforman. Dicha automutilación puede ser parte de una estética que inicialmente busca asumir formas occidentalmente contraculturales, más propias de la imaginería de culturas "salvajes" o marginales que de la "metrópoli" occidental, y asume en muchos casos una ideología *punk* que a través de prácticas como el anillado extremo busca nuevas formas de producir miedo o repugnancia social. Procuran miedo por una combinación de rechazo y de temor ante lo que podría hacer a otro un tipo capaz de hacerse eso a sí mismo. Así, el anillado de partes blandas del cuerpo o la acumulación de llamativos equipamientos de anillado tienen el efecto de cierta agresividad propia y con el entorno. No obstante, la difusión generalizada de estas prácticas de anillado han reducido su potencial provocativo al igual que sucedió con el rapado del pelo de la cabeza o el rapado extremo de pestañas y cejas. En el ámbito de los estilos estéticos de autopresentación pública es difícil encontrar nuevas formas de provocación ya que la corriente punk, que tenía en esto uno de sus principales medios de expresión, ha sido vulgarizada y divulgada hasta restarle su potencial.

Quizás actualmente continúa siendo un medio de manifestación violenta la basura y la suciedad que muestran algunos colectivos en su propia higiene personal o la de sus animales de compañía y en el tratamiento que hacen de los desperdicios de las viviendas con las que buscan criticar la limpieza ideológica y urbana del conservadurismo. Así, es frecuente encontrarse grupos de jóvenes extremadamente sucios con un olor que repugna a los peatones y que también caracteriza a los perros que llevan consigo. Aunque la estética grunge asumió cierta similitud con ese estilo, éste no pasó de un cierto desarrapamiento cuidadosamente medido de pantalones rotos y ropa reciclada –que entiende la vuelta a las modas del pasado como reciclaje y no como nostalgia–. La suciedad está en el origen de la ideología punk ya que el mismo término, aunque es difuso, tiene originalmente ese significado: punk es una exclamación que significa basura, suciedad, inmundicia.

La suciedad es un cierto ejercicio de automutilación por cuanto se niegan los usos higiénicos que caracterizan a nuestra actual idea de salud. En contra de esto, se afirma que la higiene occidental es un modo de explotación de los ciudadanos por parte de la industria que impone unos cánones de belleza y limpieza alienantes e innecesarios. El mal olor de sus cuerpos no es antinatural sino que, por el contrario, afirma el sucismo, es el olor natural del ser humano. Dicha naturaleza ha sido negada por una imposición burguesa de la naturaleza humana en favor de un modelo en el que las necesidades y deseos humanos son sublimados por la limpieza, la castidad y el orden social. La suciedad ejerce cierta violencia en el entorno: que se acumulen excrementos y orines en una plaza pública o en un inmueble o ser vecino de personas con una insuficiente higiene –dado el canon de limpieza vigente– es entendido como una cierta agresión de dichas personas contra sí mismas y contra los demás.

Pero el sucismo argumenta que el olor actual en realidad es olor a los productos químicos que la industria nos induce a aplicar a nuestro cuerpo. Hay una crítica ecologista radical, contraria al uso de componentes químicos agresivos contra el propio cuerpo y por otra parte hay una denuncia de cómo el canon de olor que en realidad está presente en la Humanidad sólo en las últimas décadas, ha sido elevada a canon universal de una estética y un modelo de salud.

El sucismo también crea espacios de temor ante una práctica que se sabe intimidatoria. Así se puede ver en los conflictos con arrendatarios en los que se usa a falsos vecinos que ensucian y hacen un ruido molesto continuo y que ha sido etiquetado como acoso inmobiliario contra el que algunas regiones han tomado medidas. En el sucismo nos encontramos similares claves que en el anillado extremo o en las estéticas de pelo o ropa que tenían componentes rompedores con el canon público de belleza y salud. El sujeto maltrata su cuerpo en parte como inmolación que crea una ruptura con el orden dominante, como un acto de autonegación que pretende denunciar el egotismo neoliberal y descubre que tras dicho maltrato ha infundido un desprecio que se acaba por convertir en un nuevo respeto en su entorno familiar, vecinal y en general en el espacio público. Esa mutilación de parte de su cuerpo le ha quitado algo que automáticamente se convierte en un nuevo espacio del que se adueña: cuando más cuerpo "le falta", más espacio "le ponen". He aquí algo común con el suicidio sincronizado y que es propio de la remodernización de la autoviolencia: la autoviolencia es un modo de lograr espacio público, de lograr respeto bien por la amenaza o por la estupefacción, es una vía de salir de la exclusión social o de la ignorancia, aislamiento o sinsentido en que uno se ve preso.

La sociedad vive en la contradicción de extremar la autonomía y sin embargo tener que defender a la persona incluso contra sí misma. Cuando se ataca a la propia persona, se está atacando a la sociedad por su deber de protección y también como signo de desprecio a una sociedad en la que el orden social cada vez más depende de la aceptación simbólica de la ciudadanía.

Lo nuevo es que no sólo estamos hablando de amenazas de autolesión sino de un nuevo fenómeno. Quizás recoge parte del movimiento romántico de afirmación absoluta de la libertad individual a través de la autoinmolación, aunque también hay en el suicidio romántico la intención de una afirmación martirial de la superioridad de cierta pasión o de una causa. Una modalidad que en parte recoge el clásico suicidio por honor, romano o japonés. En este caso, el suicidio era un acto de negación que verificaba la afirmación del finado o de su familia; en otros era una autopenitencia que justificaba el perdón público al linaje o a su memoria, cierta redención por la negación absoluta de sí mismo. En el suicidio romántico, hay un componente de redención de la causa o la pasión o el amor perdido, hay una lógica de honor. Pero recogiendo la tendencia de autoafirmación absoluta en plena postmodernidad, la autoviolencia punk —muy conectada en su lógica con el suicidio sincronizado— la exacerba de forma nihilista convirtiendo la autolesión no tanto en una afirmación del individuo como en una negación de la civilización. Es una inversión del suicidio que redime la honra: se automutila para destruir el honor de la sociedad que tendría que defenderla dejando manifiesto que la sociedad ha fracasado totalmente en esa persona, en esa familia, en ese trozo de sociedad –especialmente grave por tratarse de jóvenes– porque no ha creado sentido, no ha logrado integrar, no ha logrado satisfacer ni atraer ni suscitar esperanzas ni crear solidaridad ni responsabilidad con los otros ni consigo mismo y tampoco ha logrado su función represora de protección de la persona contra el propio sujeto suicida o automutilador. La sociedad está indefensa y en parte muere con la carne inerte y con la carrera –profesional y familiar– echada a perder.

2.3. El postmodernismo Punk

La automutilación no es un concepto que se aplique desde fuera a las prácticas punks sino que era una idea presente en el origen del movimiento. Por ejemplo, forma parte del sucismo desde el principio la costumbre de escupir en los conciertos o ingerir esputos de los demás. Toda la estética era una violación de los cánones: el pelo "mal" cortado –que inicialmente creaba crestas irregulares que acabaron derivando en sofisticadas crestas–, la ropa rota y pintada, pinchos y clavos en la ropa y en collares de perro de presa como prendas de defensa. También es necesario mencionar la danza pogo, que consiste en un baile frenético que convulsiona el propio cuerpo y choca con los de los demás violentamente mediante saltos y empujones. En resumen, una estética violenta que asumía iconos de la violencia aunque con un fin que principalmente denunciaba la violencia de la civilización. El sucismo, parte de una estética feísta, no sólo tenía una finalidad estética sino abiertamente transgresora y agresora. La misma finalidad que el porte de símbolos nazis en el cuerpo y en algunos locales punks que, alejados de la ideología punk, más bien izquierdista, tenía la misión de escandalizar a la cultura dominante al enarbolar una presencia diabólica; provocar una mezcla de temor y respeto por la invocación del mal.

El punk tiene dos fases. Una primera que consiste en una corriente juvenil que se muestra contraria al imperio de la moda y que especialmente en la música practica un estilo más primario y menos sofisticado que los productos que la música popular había ensalzado. El movimiento punk nace sobre un movimiento típicamente postmoderno de alternativa a los cánones estéticos y morales dominantes del liberalismo y que busca volver a las raíces de lo puro con un estilo más espontáneo, primitivista, salvaje y explícitamente no sofisticado, contrario a la sublimación y sofisticación burguesa. El punk es una exacerbación de dicho radicalismo con un nuevo estilo de negación radical y de formulación de transgresiones y agresiones contra la iconografía y la moral burguesa. Hay dos componentes en el punk: la alternativa radical y el nihilismo.

El punk es una de las formulaciones últimas del postmodernismo que busca una depuración de los patrones de belleza y moral dominantes en favor de una búsqueda de un sentido más próximo a los deseos y necesidades de la gente común, concretamente de las clases populares. Se interpreta así que la exacerbación de los sentidos primarios y el fomento explícito de comportamientos regresivos anales es una vía que lleva a la crítica radical de la represión burguesa y a establecer una nueva lógica que reconstruya la sociedad desde los instintos primarios de libertad y solidaridad casi primitivistas. Sobre todo es el refundacionismo anal el que singulariza este movimiento ya que conlleva prácticas de suciedad —personal por la negación de la higiene burguesa o de redecoración de los entornos por las pintadas y la toma de los lugares con orín—, de agresividad sexual, automutilación —incluyendo la agresión de la propia estética como extensión del cuerpo como la ropa o los objetos personales— y relación agresiva con los otros —lo que incluye una praxis de camaradería que hace uso de la agresión contra el otro como símbolos amistosos—. Estas prácticas violentas, no obstante, significan sobre todo una denuncia de la violencia burguesa ante la que hay una violencia popular —el punk reformula la estética proletaria— que se autodefiende con resistencias, que reniega de la obediencia mostrándose insumiso y afirmando absolutamente su autonomía. Esa violencia es en realidad una ruptura para ganar su propio espacio social —se automutila para hacerse su dueño o que recuerda que la tonsura era un signo de negación para mostrar la autoridad de lo superior sobre el propio pensamiento—. El agujereo del cuerpo con anillas y otros artilugios metálicos significan en primer lugar una alianza con el metal, con el entorno obrero que no sólo reivindica para sí los medios de producción sino que los convierte en parte de su cuerpo y los apropia instrumental y simbólicamente. Esa alianza con el metal se hace mediante el agujereo, lo que inicialmente supone una hiperanalización del cuerpo abriendo nuevas oquedades que inauguran nuevos lugares de sensibilidad y placer. De hecho, Sid Vicious y William Burroughs coincidían al definir el punk como el gusto por ser objeto de sodomización, el cual apunta a prácticas sexuales contraculturales en aquel momento y también a una fuerte relación con nuevas aperturas del cuerpo, al sometimiento del propio cuerpo a nuevas entradas que contradicen el canon burgués que porta una sexualidad llamada natural y ante la que multiplican su exposición a los instintos.

Pero la idea de Burroughs y Vicious apunta al otro componente del punk como bandera del último postmodernismo, el nihilismo. En parte hay que entender el nihilismo como una autoviolencia que busca una negación radical de la civilización, una ruptura de todas las ataduras y complicidades de conveniencia con la civilización occidental. Aunque hay que apuntar sus propios portadores no se libraran de finalmente participar del sistema comercial, lo cual dio lugar a una nueva táctica consistente en aprovecharse de los propios medios del sistema para destruirse a sí mismo, radicalizar las contradicciones internas del sistema para su destrucción. Así hay que entender el uso que se hace de los vacíos legales, por ejemplo, en las estrategias de ocupación de inmuebles o de insumisión a los distintos dispositivos militares, fiscales, etc.

El nihilismo surge como una negación radical del posible sentido o de un táctico pacto con la sociedad burguesa y se manifiesta en una manifestación explícita del deseo de destruir la propia vida incluso contando con la posibilidad de la fácil integración social. La negación del futuro y de toda idea de progreso personal y societal, la destrucción de las propias *carreras* −profesionales y familiares− personales para la entrega a una vida disoluta, la destrucción de la imagen y el propio prestigio social, quemar o echar por la borda los recursos y capitales acumulados intergeneracionalmente, la negación de toda trascendencia y de todo sentido más allá del inmediato disfrute del presente, además de conectar con principios del movimiento postmoderno, acaba convirtiéndose en una corriente autónoma que acaba perdiendo las causas y asumiendo no instrumentalmente el nihilismo.

Los derivados del punk original, como son el Hardcore o el movimiento skinhead con su estética *Oi!* Fueron subproductos anarquista y neonazi del original movimiento radical que inciden en el libertarismo, la necesidad de revoluciones violentas, en la destrucción del orden social vigente para su sustitución por una nueva lógica social y en la legitimidad de acciones violentas grupales legitimadas en general como autodefensa y que han dado sustento al terrorismo como es el caso etarra, lo cual trae de nuevo al imaginario colectivo −como en el punk de los setenta pero también en el movimiento skinhead de los ochenta− un nihilismo que se acaba convirtiendo no en un movimiento de autodestrucción sino en un movimiento violento de pura dominación como fin. La vía punk del libertarismo ha acabado produciendo una violenta voluntad de dominación.

2.4. La autoviolencia estética

La autoviolencia no acaba en esos rituales sino que los trastornos alimentarios guardan una dimensión de autoviolencia que no los explica del todo pero que interviene en el proceso. Si pensamos en la anorexia y la bulimia inmediatamente se nos revela la violencia que supone contra el propio cuerpo. Por una parte la anorexia maltrata al cuerpo por sustracción mientras que en la bulimia, por otra parte, al cuerpo se le viola por su sometimiento a toda ingesta posible. En los dos casos el cuerpo dice lo que sus conciencias no pueden, manifiestan una violencia que siente de forma opresiva el sujeto y que se proyecta en el cuerpo: el cuerpo se convierte en sombra histérica del conflicto ausente.

La delgadez exagerada como una forma de prestigio social o de autoestima es un proceso distinto a la anorexia de igual forma que hay una obesidad política que el punk asume como forma de protesta social. En el caso de los regímenes de adelgazamiento, hay una parte motivacional de estética, otra de salud, otra de moda y otra de intransigencia ante la propia realidad personal.

Uno, justificado por ese abanico de motivaciones, esta dispuesto a hábitos alimenticios saludables, lo cual supone contradecir las modas y los usos dominantes, supone asumir trabajos deportivos y regímenes exigentes, pero también supone violentar la propia naturaleza somática con cirugía y con dispositivos adelgazantes que lejos de ser saludables ponen en riesgo la salud. Esa violencia ejercida contra uno mismo hace visible una sociedad que explota los cuerpos en el trabajo y también en el consumo, de cuerpos que se consumen a si mismos y hasta su propia dignidad para lograr la aceptabilidad, de sacrificios que prestigian todavía más un modelo burgués por el que hay gente dispuesta al sacrificio hasta de la propia vida. En este caso, la autoviolencia no es tanto una denuncia como una interioriación de la violencia del sistema de explotación social que hace que el sujeto lo asuma como propio hasta la negación de sí mismo. El cuerpo se encoge hasta quitarse las costillas o se alarga metiéndose implantes de silicona por todo el cuerpo o inyectándose productos que disimulen las huellas del paso del tiempo.

La creación del propio cuerpo, la producción del propio cuerpo, ha sido una tendencia que hemos visto crecer sin cesar desde los años ochenta con medios e inversiones descomunales hasta formar una potente industria. No es un fenómeno nuevo pues es muy antiguo el uso de artilugios para la creación de monstruos –el muy querido *"Hombre que ríe"* de Víctor Hugo (1869) hace un profundo estudio sobre el embotellamiento y *enmaquinamiento* de cuerpos o de partes del cuerpo para darle formas llamativas– o bellezas según los cánones de cada época –el encogimiento de pies, alargamiento de cuellos, labios, orejas, incorporación de piedras, tintes, etc. al propio cuerpo han sido exhaustivamente analizados por Occidente en la modernidad colonial–. Lo distintivo de este momento es que nos acercamos progresivamente a la posibilidad de recrear radicalmente el propio cuerpo. Ahora, todavía por medios físicos de cortar y pegar como la cirugía, la odontología, las prótesis o la alimentación; mañana, por el recambio genético. En esta corriente hay una lógica de sustitución protésica –dentaduras, pelucas, piernas, ruedas, etc.– y otra de recreación. De nuevo para crear monstruos que televisivamente son observados como en las antiguas ferias por sus enormes penes y pechos en una cultura desquiciada de la sexualidad, o para crear belleza. En la vida cotidiana, para el común de la gente, las intervenciones de enbellecimiento –la cirugía estética– son cada vez más frecuentes y ya han sido difundidas hasta la saciedad por programas de televisión que han convertido esas intervenciones en un espectáculo y llegará un momento en que sea definido como necesidad y hasta como derecho.

¿Derecho a la recreación estética o a la regeneración estética? Quizás sea una exageración o hasta una ciencia ficción frívola en un mundo en el que se gasta más en comida para perros que en salud en los países empobrecidos, pero lo cierto es que el propio cuerpo es cada vez más objeto de una violencia que lo rechaza y quiere cambiarlo por otro. Una violencia que no acaba con la inmolación del propio cuerpo y su recambio en la mesa de operaciones porque lo que se busca no es otro cuerpo sino, como diría Franco Battiato, *"se quiere otra vida"*.

2.5. El chantaje de la autoviolencia colectiva

El falso intento de suicidio también cumple una función de intimidación social, la automutilación es un modo de lograr lo que normalmente no se cree poder: la atención de los otros –provocándose enfermedades, por ejemplo, o accidentes, o provocándose depresiones o crisis psicológicas– u otros objetivos. En parte vemos que la auto-violencia produce miedo en los otros y funciona como una violencia contra los otros y eso es algo que no sólo vemos en las tácticas punks sino que últimamente lo hemos visto aparecer en el terreno colectivo internacional.

Existen colectivos que amenazan con su autoinmolación como una amenaza mundial. No estamos hablando del terrorismo suicida sino del caso de Corea del Norte en los últimos años, que logra permisividad y ayudas ante la amenaza de comenzar una guerra global que sin duda le llevaría a ser destruida pero que a la vez crearía un enorme daño mundial. En este caso creemos ver algún aspecto similar a lo que llevamos hablando: se está dispuesto a la autoinmolación, se amenaza con enloquecer hasta convertirse en alguien tan incontroladamente peligroso que se accede a sus peticiones. Logra espacio político internacional con la amenaza de autoinmolación ya que su victoria nunca sería posible. Enloquecer, convertirse en un asesino suicida –a lo *Columbine*[1]– es su estrategia para ganar autoridad y si lo logra es una inquietante lección para ser aprendida por cualquier otro país en vías de desesperación.

3. Violencia de proximidad

Pero sin duda lo que más páginas ha ganado en los últimos años ha sido la violencia de proximidad. No aquella procedente de la delincuencia que roba y mata para explotar los recursos sino aquella en la que alguien atenta contra su entorno íntimo o cotidiano. La violencia de proximidad y doméstica es otra categoría de la nueva violencia y se ha diversificado en direcciones inesperadas. Distinguiríamos dos tipos fundamentales: la violencia íntima (sentimental, familiar, etc.) y la violencia comunitaria. La primera se ejerce contra personas con las que hay una relación sentimental o parental y la segunda contra los entornos cotidianos de sociabilidad o contra figuras especialmente vulnerables de la comunidad.

---

[1] En el apartado 3.1.3. dedicado a los asesinatos múltiples se analiza este suceso que aconteció en Littleton, el 20 de abril de 1999.

3.1. Violencia comunitaria

3.1.1. *Los vulnerables y excluidos*

Tenemos que destacar en primer lugar un eje sobre el que se ejerce continuamente la violencia, la violencia como uno de los instrumentos más tentadores para la corrupción de las presencias. Comenzando porque la violencia en las calles lleva a que la gente desaparezca o se proteja en el exilio doméstico en barrios desfavorecidos que no sean dejados a su propia ley –porque entonces aparecerían otros fenómenos de autogestión y solidaridad– sino que son dejados a la dominación de quienes buscan una explotación en aquellos nichos donde les es más fácil lograrlo, entre los desempoderados, los pobres. En toda situación donde hay personas que ceden a la tentación de la violencia, los primeros contra los que la ejercen son aquellos potencialmente en mayor situación de debilidad. La violencia tiende a seguir en primer lugar las vetas de la exclusión social pero acaba multiplicándose por toda la estructura social. En una situación de desigualdad de género actuará contra la mujer; en la desigualdad racial, contra las etnias más débiles; entre diferentes edades, los adultos contra menores y mayores. La violencia estamental persiste y especialmente se ceba contra aquellos que portan los estigmas de la exclusión con mayor visibilidad. Los ataques contra personas que viven en la calle o contra inmigrantes han salpicado los informativos de todos los países de Occidente en las dos últimas décadas.

En nuestro país conmovió el caso del asesinato el 16 de diciembre de 2005 de una mujer de 51 años, Rosario E.P., que dormía en un cajero automático de un banco y fue quemada por unos jóvenes que dijeron que lo hicieron por diversión. Tres jóvenes barceloneses, dos de dieciocho y uno de dieciséis, Ricard, Oriol y Juan José, entraron a la una de la madrugada en un cajero automático del centro de Barcelona y comenzaron a insultar y pegar patadas a una mujer barcelonesa –de nacimiento y sin empadronamiento– que solía dormir en dicho banco para protegerse de un frío que esa noche de viernes bajó hasta los cinco grados. Toda la secuencia fue grabada por las cámaras de la entidad bancaria y televisada al día siguiente en todo el país. Tras abandonar la paliza, Rosario cerró la sala del cajero con la llave interna pero al cabo de tres horas uno de los chicos volvió y engañó a Rosario para que le abriera la puerta. Como Rosario no le reconoció como uno de los agresores, abrió la cerradura y entonces los tres penetraron en el local con una lata de disolvente que habían robado en una obra y tras rociar a Rosario le prendieron fuego entre risas. Los bomberos acudieron avisados por unos ciudadanos que pasaban y encontraron a Rosario con quemaduras de segundo y tercer grados por el 65% de su cuerpo que provocaron su fallecimiento en el Hospital del Val d'Hebron a las nueve de la mañana de ese sábado. Los jóvenes fueron detenidos cuatro días después.

Aparece en este tipo de maltrato una de las constantes de la violencia remodernizada: se considera que hay personas cuyas vidas carecen de valor ya que lo humanitario no es una condición esencial sino que el valor procede del poder, de la identidad y del significado en relación al propio individuo que considera en cada caso cuanto valen los demás: hay una organización emocional de la realidad que legitima y da rostro a lo próximo y desdibuja el rostro y la humanidad de lo ajeno o lejano. El relativismo radical —no el contextual— que lleva a la disolución del sentido conduce a la desvaloración de lo humano y a que la fuente de la valoración proceda del poder o autoridad de los sujetos sobre el individuo que juzgue. No estamos ante un asesinato ideológico como los que por todo Occidente han cometido grupos violentos de ultraderechistas, sino ante un asesinato banal que no otorga ningún valor de ningún tipo a una persona.

En la Historia hemos asistido a procesos en los cuales la estigmatización y progresiva animalización de colectivos enteros condujo a su concepción como no humanos siguiendo ideas raciales, económicas, ideológicas, nacionalistas o religiosas, lo que condujo a la justificación final de su asesinato. Nuestro tiempo nos ha traído contemplar el asesinato no sólo de excluidos argumentando causas ideológicas sino por el mero hecho de la vulnerabilidad que manifiestan. La debilidad de su figura social es un imán para el ejercicio de la violencia nocturna. Por el mero hecho de su disponibilidad para la agresión impune son maltratados y asesinados. La violencia contra las personas sin hogar, con la suma accesibilidad de quien carece de puertas que cerrar, manifiesta a gratuidad de quien lo hace banalmente, frívolamente, por divertirse y, sobre todo, porque se puede hacer con facilidad.

Así, la violencia de proximidad no otorga valor a los excluidos y más bien sigue la pista de una sociedad que les otorga un significado negativo y los estigmatiza. Los violentos culminan un proceso de estigmatización al que la sociedad les ha sometido poco a poco.

La significación es un elemento central en toda la dinámica de la violencia: aquello que carece de valor y lo que carece de significado, no cobran rostro ante el sujeto y su destrucción no encuentra ninguna resistencia en la conciencia.

3.1.2. *Violencia contra la ciudad*

Especialmente se puede estudiar ese proceso de abstracción de las personas y cosas en el los episodios de destrucción de la ciudad: muebles urbanos como paradas de autobús, papeleras o parques, instalaciones educativas, coches o edificios, son objeto del vandalismo que marca el territorio haciéndose dueño de él con la seña de la rotura o que sencillamente rompe lo que carece de significado para él y por tanto no suscita su responsabilidad. Mientras que con otras cosas son extremadamente cuidadosos, la puerta o las sillas y mesas de un colegio son destruidas porque no quieren decir nada para el individuo. Apenas dicen algo muchos profesores y los libros. Al estar vacíos de significado para el individuo e incluso resultarles ilegibles, pueden ser rotos sin dar ninguna señal visible a su conciencia.

No obstante, la destrucción de la ciudad no sólo responde a esa dinámica abstracta sino que también es una reacción de dominación de la ciudad como las revueltas en los barrios excluidos de Francia en el otoño de 2005 cuando hordas de jóvenes tomaron el espacio destruyendo miles de coches e instalaciones comunitarias públicas. En parte fue una negación y expulsión del Estado de sus barrios y en parte fue un comportamiento autodestructivo por cuanto privaron a sus propios barrios de infraestructuras necesarias.

Es necesario anotar cómo los procesos de exclusión territorial se manifiestan en una degradación urbanística que todavía desempodera más a sus pobladores e impide el surgimiento de dinámicas solidarias de autogestión y defensa. La violencia en los barrios desfavorecidos es arrastrada sobre todo por los propios pobres en un profundo itinerario de desquiciamiento.

No podemos dejar de mencionar el verano que en 2006 ha arrasado miles de hectáreas en Galicia, la violencia que no sólo se manifiesta contra la ciudad sino contra el patrimonio forestal de las comunidades rurales, como un episodio más de una sociedad como la gallega en la que el bosque ha sido progresivamente desvalorizado. Algo similar ha ocurrido en todo el país con la especulación inmobiliaria que ha llevado a la destrucción de gran parte de la costa y de paisajes de alto valor medioambiental y patrimonio de valor histórico. Esa violencia ejercida contra el territorio y contra la ciudad tiene una raíz común, la desrresponsabilización no como una opción de conciencia sino como un acto improcedente ante lo que carece de valor y significado.

3.1.3. *Asesinatos colectivos*

Pero si hay un símbolo de la violencia contra la comunidad típico de nuestra época éste es el asesinato colectivo, especialmente en Estados Unidos aunque han existido otros casos en países como Francia, Alemania, Canadá, Japón o Reino Unido. Desde finales de los noventa se han contemplado varias masacres en EEUU que han multiplicado su efecto desde final de los noventa. Quizás podríamos decir que comenzó la secuencia el 1 de octubre de 1997, el día en que el joven de 17 años Luke Woodham asesinó a su novia y a una compañera de clase en el colegio de enseñanza superior de Pearl, en el estado de Mississippi, después de matar a cuchilladas a su madre. A los pocos meses, el 24 de marzo de 1998, en Jonesboro (Arkansas), dos niños de once y trece años, Andrew Golden y Mitchell Johnson, dispararon contra sus compañeros de colegio con fusiles comprados por el abuelo de uno de ellos. Mueren cuatro menores y una profesora. Un mes después, en Edinboro, Pensilvania, −el 25 de abril de 1998− un escolar de catorce años acudió con una pistola a una fiesta de la Parker Middle School y mató al profesor de gimnasia e hirió de gravedad a otros dos compañeros. La serie aumentó ese mismo año 1998 cuando el 21 de mayo ya que un joven de quince años disparó contra sus compañeros de colegio, mató a dos de ellos e hirió a otros veintidós en una escuela pública de Springfield, Oregón, con un rifle semiautomático y dos pistolas, después de asesinar a sus padres. Fue poco menos de un año más tarde cuando se produjo la emblemática masacre de Columbine. La mayor matanza en un colegio estadounidense en la última década se produjo el 20 de abril de 1999, cuando dos estudiantes mataron a trece personas e hirieron a veintitrés en la escuela de Columbine, en Littleton, en el estado de Colorado, antes de suicidarse. Iban armados con un fusil de asalto, dos escopetas, un revólver, un centenar de balas en cargadores de reserva y explosivos. Desde entonces han existido diversos asesinatos colectivos o intentos de ello[2] en un país que vive en permanente estado de alarma.

---

[2] El 5 de marzo de 2001, un estudiante de 15 años de la escuela de Educación Secundaria Santana de Santee, cerca de San Diego, en California, abrió fuego contra sus compañeros de colegio y mató a dos personas e hirió a otras 13, airado por la discriminación que creía sufrir. En Grundy (Virginia), el 17 de enero de 2002, Peter Odighizuma, un alumno de 43 años que había sido expulsado de la Facultad de Derecho y al que los médicos consideraban *una bomba de relojería*, asesinó a tres personas en un tiroteo, entre ellas al decano de la facultad. La Policía acusó a dos adolescentes de 15 y 17 años de conspirar para asesinar a profesores y estudiantes en el instituto católico de Saint John

Tanto la película *Elephant* como *Bowling for Columbine* de Gus Van Sant y Michael Moore respectivamente ayudaron a reflexionar públicamente sobre el significado de Columbine.

La tesis de Michael Moore en su Columbine es que la representación del pánico ante la violencia marginal es la proyección y la justificación de una cultura sociopolítica que ha asumido la legitimidad de la violencia vengativa y preventiva que ha creado una industria de armamento con un vasto poder. Se tiende a desproporcionar la presencia de acontecimientos violentos especialmente llamativos y a ofrecer chivos expiatorios y figuras enemigas cuya existencia dirija el pánico de la población y justifique el fortalecimiento de la cultura pública de violencia y autodefensa agresiva[3].

Gus Van Sant hace una lectura del fenómeno con énfasis en el vacío de significado que el instituto y las personas tenían para Eric y Dylan, los chicos que celebraron el 110º aniversario de la muerte de Hitler con una matanza en su instituto. El docudrama de Gus Van Sant muestra la extrema normalidad con que Eric y Dylan viven la insignificancia de un entorno al que no conceden valor y de un tratamiento del asesinato y la muerte sin otorgarles carácter trágico sino prosaico. Haciendo suya la tesis de Hanah Arendt, Van Sant retrata la banalidad del mal, el asesinato colectivo como resultado de un mundo incapaz de garantizar que sus miembros puedan otorgar significado a la vida. La crueldad banal, fría y sin drama ni pasión sino ejecutada como una operación de oficio[4].

Columbine se ha convertido en el asesinato colectivo mejor estudiado de la ya larga serie y ha habido diversidad de interpretaciones algunas de las cuales se reflejan en el documental de Michael Moore. Entre ellas ha habido una acusación a la cultura de violencia presente en los videojuegos, la música o la televisión y el cine; también una tesis –asumida por el propio Moore– que critica la disponibilidad de armas en el pa

---

Bosco, en Bellflower, al sur de Los Angeles, en el estado de California. Los acusados habían dibujado un plano de la escuela con lugares en los que colocarían bombas y habían realizado un viaje a una armería para adquirir pistolas. La fecha para el asalto era el 22 de abril de 2005, dos días después del sexto aniversario de la matanza del instituto de Columbine. En Red Lake (Minnesota), el 21 de marzo de 2005, Jeff Weise, de 17 años, se suicidó tras matar a sus abuelos en su casa y a siete personas de su escuela en Minesota, entre ellas una profesora y un guardia de seguridad.

3 *"Bowling of Columbine"*, película dirigida y protagonizada por Michael Moore (2002).

4 *"Elephant"*, película dirigida por Gus Van Sant (2003).

ís; posiciones que veían en estos sucesos las consecuencias de una sistema educativo que ha abandonado una intensa educación moral y especialmente el abandono de la educación religiosa; o tesis que hacen una interpretación ideológica que convierten Columbine en una acción de la ultraderecha para provocar reacciones conservadoras en la población. Varios de estos condicionantes intervienen en el caso creando un caldo de cultivo en el que haya personas que puedan optar por un proceso de cosificación de los demás y de banalización del mal. La pregunta es qué tipo de cultura garantiza menores umbrales de violencia potencial, qué tipo de matriz de sentido evita la emergencia de probabilidades de sujetos y grupos violentos. El mundo al que vamos crea la infraestructura cultural en la que la violencia es cada vez más probable por afinidad con el propio sistema.

4. LA CULTURA DE LA VIOLENCIA

4.1. El psicópata

La violencia no es sólo un suceso que pasa en la corta distancia sino que es una estructura que opera macrosocialmente y en ese ámbito un icono que ata ambas esferas es el psicópata.

La violencia remodernizada escapa a la ley moderna de la violencia según la cual la civilización es una redistribución de fuerzas y derechos de violencia. La violencia gratuita, absurda, desteleologizada, lúdica, no encaja en ese esquema moderno donde la violencia finalmente siempre es político-económica, expresión de la marginalidad o insuficiente educación o resultado de una pasión todavía incontrolada por la razón. Esta es una violencia que sobre todo apunta a los problemas de sentido precisamente entre aquellos sujetos que están en el centro de la civilización occidental.

Es a mediados de los años ochenta cuando se toma conciencia pública de que ha emergido una generación de asesinos en serie en Occidente, especialmente en los Estados Unidos, cuyas autoridades federales estimaron la existencia de un conjunto de cien asesinos múltiples potencialmente activos en el país, cantidad que el FI redujo a una treintena y que algunos medios elevaban hasta el medio millar. Especialmente hay que señalar como punto de inflexión la escenificación en 1984 de Henry Lee Lucas en televisión con una serie de confesiones macabras sobre su historial de asesinatos y torturas de numerosas mujeres. A lo largo de los años ochenta, aunque la tendencia ya se comenzó a registrar a finales de los sesenta y se aceleró desde entonces, fueron descubriéndose numerosos casos macabros de asesinos múltiples a cada cual con una narración más espectacular y macabra como los casos de Robert Berdella, El Carnicero de Kansas, caracterizado por sacar polaroids de todas sus torturas, o de Charles Albright, quien recortaba los ojos a fotos, muñecas y víctimas. 1990 y 1991 fueron, respectivamente, los años de popularización de la película "El silencio de los corderos" –Thomas Harris había publicado la novela homónima en 1988, tres años antes– y del libro "American Psycho", a lo que siguieron toda una ristra de películas, novelas y telefilmes sobre psicópatas. Fue la culminación de una tendencia que se había ido mostrando más frecuente desde los años setenta.

Aunque el asesino en serie es una figura existente en otros tiempos, en esta época ha adquirido una significación especialmente acentuada y las previsiones de distintos autores es que continuará aumentando. El antropólogo Elliott Leyton, en su libro *El auge del asesino múltiple moderno* (primera edición de 1984 y reedicion de 2003, Alba Editorial, 2005) afirma que *"La incómoda conclusión a la que llego en este libro es que habrá muchos más asesinos de este tipo antes de que toque a su fin esta fase de la historia social de nuestra civilización."*

La figura del psicópata encarna la idea de que existe una violencia incontrolada y planificada, que culmina la cosificación, irrelevancia y sinsentido de lo humano., una violencia sin sentido y universal que puede afectar a cualquiera como los francotiradores que durante 2002 aterrorizaron a las ciudades estadounidenses. Un francotirador dejó la siguiente nota "Vuestros hijos no están a salvo en ningún lugar ni en ningún momento". Es una violencia universal porque atenta contra el género humano, contra cualquiera. Es lo inverso al magnicidio que atenta contra el que simboliza al Estado o a un poder o colectivo; el psicópata aterroriza a gente anónima y por tanto distribuye el pánico por toda la población entera.

La abstracción de la amenaza contrasta con la enorme carga expresiva de sus ceremonias en las que sobreactúan a través de intrincados, extraños y brutales rituales que les singularizan. Es común la sensación que tienen de estar manteniendo una conversación con el mundo entero a través de unas acciones que le garantizan una atención que va más allá del Mal de Eróstrato –aquel que incendió el Templo de Éfeso para lograr la memoria eterna–. Uno de los francotiradores de Washington, el adolescente Lee Malvo, afirmó en una ocasión que tenía la sensación de que tras cada asesinato sentía que la sociedad le pedía otro más a través de los medios de comunicación que se esforzaban hasta el paroxismo en describir cada uno de sus actos y de especular sobre ellos y el sentido de lo que hacían. Aunque hay conciencia de lo complicado que es la explicación de este fenómeno, lo estructural es que la gente siente que está amenazada gratuita y aleatoriamente, simplemente por ser alguien, por una fuerza incontrolada e injustificada, también aleatoria, y que lo único que la protege es la aleatoriedad, una especie de lotería negra o macabra, que no le toque ese número en el sorteo. Se sabe que la sociedad tiene su responsabilidad en el desencadenamiento de estos episodios por sus faltas en la educación, en la transmisión de sentido, por la pobreza, la desatención de las familias, por el aislamiento de la gente, etc. Pero se desconoce cómo esa responsabilidad ha acabado produciendo esa acción monstruosa.

Esa idea de un riesgo que se ha producido no se sabe bien cómo y que está descontrolado, esa idea de individuos desbocados que sólo encuentran la perversión de todo lo bueno, el asesinato, para expresar un desquiciado relato, es muy propia de nuestro tiempo.

A su vez, es muy propio de nuestra época el icono alrededor del psicópata que acaba banalizándolo e incluso convirtiéndolo en un héroe. El psicópata, gratuito, narrativo y lúdico, es el emblema de la nueva cultura de la violencia.

4.2. Neobarroquismo: la glorificación de la violencia

Los medios de espectáculo han sido persistentemente criticados por la violencia de sus iconografías tanto en cine como en música o televisión, en videojuegos o en comics y libros. Creemos que en este fenómeno existen cuatro claves que ayudan a comprender mejor el fenómeno general de la violencia: el neobarroquismo, el culto a la violencia, el punk y el poder. Ya hemos tratado ampliamente cómo existen referencias que buscan a través de la violencia la adquisición de espacios de poder y "respeto" de los que se sienten excluidos. Hemos visto también la ambigüedad del postmodernismo punk al respecto: por un lado la violencia es un medio de poder, por otro se desquician en una dinámica de autodestrucción y por un tercer lado, hay un uso sarcástico de la violencia. El sucismo o el feísmo con que el punk se vinculó a los movimientos surrealistas de principio de siglo –por su prioridad epistemológica concedida a lo reprimido y lo instintual como el sueño, la defecación, la actividad sexual, la muerte o la violencia– ha continuado siendo una tendencia creciente en nuestra época y ha configurado lo que se ha podido llamar neobarroco y que popularmente ha sido etiquetado como *gore*.

Lo gore –procedente de gory, sangriento– se refería inicialmente al gusto por las películas de terror donde se hacía una representación casi sarcástica de crímenes cruentos. Con el tiempo ha ido formando un concepto más complejo que implica una estética que usa la violencia como sarcasmo e ironía. Si el barroco estaba caracterizado por una imaginería que tenía muy presente la muerte como recordatorio de la vanidad de este mundo, el gore neobarroco hace suya la estética sucia (dirty), el feísmo para reivindicar la cultura pop, la subcultura popular (que acumula fracaso, normalidad sin triunfo, suciedad, problemas, vida cotidiana, vulgaridad, etc.) frente a la cultura "clean" del modo de vida americano. Lo feo, lo vulgar, lo desagradable y lo macabro aparecen como una denuncia de la vanidad: no es el romanticismo del "infierno de lo bello" sino de "el cielo de lo feo".

Vestir de negro, llevar pendientes en lugares que crean desagrado, pintarse hasta palidecer el rostro dándole un tono mortecino, cargarse de cadenas y herrumbre como un muerto que pena su purgatorio, señalarse los dientes como un vampiro: parece que la subcultura gore viviera en un eterno Halloween. El gore rinde culto a los miedos modernos que temían al lobo, al exterior y a lo subterráneo, a las fuerzas de lo irracional. Asimismo el gore denuncia el dualismo de la guerra fría que pinta un mundo de buenos y malos y reconoce la contradicción que anida en todos, la ambivalencia que nos lleva a ser violentos y denuncia la violencia limpia de Occidente, así como los intereses bastardos de aquellos que dicen ser los santos de la democracia: el comic ha vivido desde mitad de los años ochenta un oscurecimiento de los superhéroes más emblemáticos de la imaginería de la Guerra Fría como son Batman, Spiderman o Superman. El gore hace una conceptualización romántica de la violencia como apropiación. Especialmente en la autolesión y el suicidio nos volvemos a encontrar la afirmación romántica de la soberanía absoluta del yo.

La violencia aparece también como una forma de sentirse vivo, como una forma de experiencias vívidas, inmediatas, etc. La violencia se corresponde con el modelo de experiencias extremas que se buscan hoy en día. La violencia aparece como el relato más grave que uno pueda cometer, como algo en lo que se habla en serio y que es escuchado por todo el mundo: la violencia es un *teléfono rojo* que la sociedad descuelga inmediatamente. La violencia es un asunto que logra la máxima prioridad en todas las agendas mediáticas, que suscita horror y fascinación y que ha llevado a numerosos medios a una competencia amarillista por ofrecer los mejores productos del mercado de secuencias violentas.

La violencia aparece como una práctica en la que el sujeto dañándose o dañando a otro llega a sentir por el sufrimiento la propia realidad. Es como si uno estuviera atontado y se mordiera el brazo con violencia u otro lo hiciera: llegaría a despertar a través de ese dolor. Guarda afinidades con las prácticas sadomasoquistas por las cuales el dolor aparece como un sensibilizador extremo a través del que el sufrimiento llega a sumergir al sujeto en un extremo sentido de cuerpo y realidad. La violencia como aparece como un medio de representar con extremo realismo. Una tendencia presente en todas las artes (pintura, escultura: el nuevo arte británico) y medios como el cine (La Pasión de Mel Gibson como el Cristo gore: un tema recurrente en ciertos grupos gore es la representación de la crucifixión, lo satánico y el martirio).

Aunque bordea varias lecturas posibles, creemos que principalmente el gore merece una lectura estética, una forma de sentir que a través de lo siniestro busca señalar al sentido, protegido detrás de los cánones de limpieza y seguridad occidentales. Aunque con grandes distancias con el barroco, es una suerte de neobarroquismo que usa la representación de la muerte y la violencia para apuntar a la vanidad y mentira del imaginario dominante.

4.3. El culto a la violencia

Pero la violencia no es sólo una vía irónica para afirmar lo contrario sino que existe un evidente gusto por la violencia y una banalización del crimen y la crueldad que tiene sus formulaciones más acabadas en una recuperación de la violencia fascista y de lo satánico. El desquiciamiento nihilista y extremadamente relativista del sentido ha llegado a tal extremo que se encuentran personas que con menor o mayor grado de frivolidad rinden culto no sólo a la violencia sino al mal por sí mismo. Más allá del sarcasmo carnavalesco en torno al demonio, el culto satánico, a Hitler o versiones menores como el culto a lo vampírico son bromas que llegan a convertirse en serios problemas.

El cine ha seguido puntualmente esta evolución. El cine de terror estadounidense muestra inicialmente con ánimo de asustar y ahora de divertir con humor macabro, masacres de adolescentes a manos de personajes grotescos. La gracia consiste en recibir sustos y sobre todo en dejarse sorprender por nuevos modos de matar. Así lo demuestran las numerosas series cinematográficas con largas secuelas como *Viernes 13*, *Pesadilla en Elm Street* o *Sé lo que hicisteis el último verano*. Estas series de los ochenta de terror macabro se han convertido en un potente género de culto pero de humor macabro. El nuevo cine japonés de terror ha dado una vuelta más al género produciendo una nueva generación de filmes en los que se desata una violencia sin causa protagonizada por seres sin rostro, sin ojos, vivos sin vida o fuerzas desconocidas como dioses crueles. En Ringu (1998, pero hay una versión estadounidense titulada *The Ring*, de 2002) se muestra una violencia sin causa, sin motivo, aleatoria, sin justificación ni fin, una violencia sin teleología, muy afín a la figura del psicópata —al que le sobra su propia existencia para hacerse absolutamente abstracto, ocupar el lugar de un dios con poder sobre la vida y la muerte— y a la figura abstracta del riesgo en nuestra sociedad que puede afectar a cualquier familia, cualquier trayectoria, cualquier biografía aunque no se sea tradicionalmente pobre.

El culto a la violencia parece asumir una tesis maquiavélica invertida: el medio justifica los fines. Aunque los fines sean cruentos, el culto por el medio de la violencia banaliza o ridiculiza las consecuencias. Así ocurre en muchas obras de arte gráfico que asume la belleza oriental de la violencia pero sin asumir la cultura que la incorpora a la teomaquia o al honor —léase la monumental obra *El Rey Mono* o *Viaje al oeste*[5]—. Y sobre todo se constata en muchos videojuegos como *Bully* o *GTA San Andreas*. En el videojuego *Bully*, el protagonista es el quinceañero Jimmy Hopkins, quien víctima de acoso escolar se toma la justicia por su mano. *GTA San Andreas* es una saga callejera de asesinatos y venganzas repleta de referencias sexuales y violencia explícita.

Marilyn Manson, cuyo uno de los títulos de sus canciones encabeza este documento, "*Odio luego existo*", se ha convertido, sobre todo después de las acusaciones contra él como inductor de algunas matanzas escolares americanas, especialmente la tragedia de Columbine, en el principal

---

[5] "*Viaje al Oeste, las aventuras del Rey Mono*", es una obra clásica de la literatura china, publicada de manera anónima en 1590.

icono del gore. Una de sus canciones, titulada *Adolescentes Desechables*[6], acaba con una idea que está cada vez más presente en un mundo sobre el que la gente ha perdido el control y multiplica la exclusión social principalmente sobre el control de ese mundo global: *"Mientras más nos temen, más grandes somos y no se sorprendan si lo destruimos todo"*.

5. LA INSEGURIDAD

El análisis de la violencia es una preocupación permanente, pero alcanzó una crecida con los conflictos de Los Ángeles en 1992, que tienen su revisión en las revueltas francesas que se extendieron por los suburbios franceses, y en la tragedia de Columbine sobre la que filmó su película Michael Moore. La tesis de Michael Moore en su Columbine es que la representación del pánico ante la violencia marginal es la proyección y la justificación de una cultura sociopolítica que ha asumido la legitimidad de la violencia vengativa y preventiva que ha creado una industria de armamento con un vasto poder. Se tiende a desproporcionar la presencia de acontecimientos violentos especialmente llamativos y a ofrecer chivos expiatorios y figuras enemigas cuya existencia dirija el pánico de la población y justifique el fortalecimiento de la cultura pública de violencia y autodefensa agresiva.

La inseguridad es un factor estructural que cala todos los modelos y situaciones sociales de nuestro tiempo y se deja sentir en la vida cotidiana de millones de personas con cada vez mayor fuerza y sin duda es el mayor acelerador de la violencia.

La inseguridad no es sólo una herramienta de control social desde un punto de vista intencional sino que el propio sistema se ha inoculado la inseguridad asumiendo mayores umbrales de riesgo con tal de aumentar su poder. Es el propio paradigma de cambio social el que ha

---

[6] *"Adolescentes Desechables: Y soy un arco iris negro / Y soy un mono de dios / Tengo una cara hecha para la violencia / Soy una distorsión adolescente, sobreviví el aborto / Un rebelde de la cintura para abajo. // Quiero agradecerte mamá/ Quiero agradecerte papá/ Por llevar este mundo a un amargo final/ Nunca odie al dios verdadero, sino al dios de la gente que odie. // Dijeron que querían evolución / El mono fue un gran éxito / Dijeron que querían una revolución / Y yo digo que están llenos de mierda. // Somos adolescentes desechables/ Somos adolescentes desechables / Somos desechables. // Mientras más nos temen, más grandes somos / Mientras más nos temen, más grandes somos / Y no se sorprendan si lo destruimos todo." (Marilyn Manson, Holy Wood: A la sombra del Valle de la muerte, 1996).*

variado asumiendo mayores cotas de riesgo para solucionar cada problema anterior y que ha recibido el nombre de *sociedad de riesgo*. La inseguridad no afecta sólo a las condiciones sociales, laborales o medioambientales sino que está amenazada la propia seguridad de ser: de que al menos lo que crees que eres exista de verdad. La inseguridad no es accidental sino estructural y está siendo remodernizada para convertirla en la principal máquina de explotación social. La histeria contra el terrorismo, que es la misma guerra de siempre por otros medios remodernizados también, ha sido creada y aprovechada para reforzar la remodernización, para completar el proyecto de remodernización neoliberal y por eso se puede decir que el atentado de las Torres Gemelas es el icono del comienzo de una época que comenzó a fraguarse a finales de los setenta y se visibilizó en la caída del Muro de Berlín en el 89. La inseguridad es una condición de la segunda modernidad, útil como mecanismo de mayor explotación. En esa segunda modernidad hasta la propia posibilidad de ser ve minada su seguridad de existir. Presentamos en ese estudio un mundo que no es intrínsecamente infernal sino ambiguo y en nuestro propio tiempo podemos encontrar las soluciones más beneficiosas. Por ello, aunque vivimos en la tragedia, la esperanza no deja de nacer a cada momento de una naturaleza humana que, pese a las tensiones y perversiones a que se ve sometida, no puede dejar de aspirar a lo mejor. Pero la inseguridad remodernizada nos quiere hacer dudar incluso de esas últimas esperanzas; quiere hacer suya incluso la escatología.

En un mundo que se desarrolla con una extrema violencia contra la naturaleza y las especies vegetales y animales extinguiéndolas una tras otra a un ritmo frenético; en un mundo de francotiradores apostados en campanarios y de terroristas que actúan como psicópatas buscando la víctima más abstracta en los lugares más universales —los medios de transporte masivo—; en un mundo donde los mercenarios son llamados ahora subcontratas y la globalización tiene su sistema de excepción sembrado de paraísos fiscales y cárceles en el limbo legal; en un mundo en el que la violencia de imperio se ejerce con una potencia desconocida hasta el momento a través de la unilateralidad y la guerra preventiva, la autoviolencia, la violencia de proximidad y las estéticas de violencia no pueden sino ser el reflejo de esa estructura. Sujetos sin control en un mundo sin control, sujetos que reducen el riesgo de ser nada convirtiéndose en riesgo para los demás, personas que levantan el teléfono rojo de la violencia porque no saben a quién ni cómo amar.

La remodernización se inicia con el neoliberalismo, continúa con el régimen político institucionalista, se profundiza con la posibilidad de un nuevo modo de desarrollo y las nuevas formas sociales y culturales suficientemente inciertas y ambiguas como para ser utilizadas fácilmente. Lo que al principio era neoliberalismo ha acabado componiendo un nuevo modelo civilizatorio que principalmente radicaliza las bases de la modernidad restauracionista. Como la postmoderna, la segunda modernidad es una época llena de conflictos y paradojas pero hay dos notas que reinterpretan el propio sentido del conflicto. Primera, el conflicto es asumido en gran parte como diversidad ya que el sostenimiento de la remodernización no necesita el control de tan vastas zonas morales y culturales como antes. Segunda nota, la remodernización logra el nuevo control social gracias al proceso de ambigüedad de gran parte de las nuevas tendencias: es decir, asumiendo el riesgo de que las nuevas instituciones (red, globalización, informacionalismo, etc.) son ambiguas, que podrían ser usadas en dirección contraria a los intereses remodernistas. Al ser ambivalentes, por otra parte, reducen la tensión de conflicto en grandes capas de la población.

La inseguridad está en el centro de la remodernización por esa propia ambigüedad, por la impunidad de los grandes poderes, por la pérdida de poder de los sujetos frente a las lógicas de las grandes instituciones restauradas, por la desrresponsabilización que las instituciones hacen crecer frente a los individuos que participan en ellas, por la pérdida de comunidad, por la degradación de la verdad en mera identidad, por el pragmatismo y por otras fuentes. Gran parte de la segunda modernidad rezuma inseguridad social, económica, política y hasta existencial, pero a la vez suministra algunos de los medios para poder revertirla a través de nuevas alianzas y nuevas lógicas. Nunca como antes la revolución estuvo a nuestro alcance, pero ésta, que es cada vez más posible es también progresivamente improbable.

La inseguridad procede de varias fuentes, algunas de las cuales son viejas conocidas que habían sido atadas como los titanes por la democratización y que hoy campan libres y otras son nuevas inseguridades consecuencia de la remodernización. La inseguridad está en la misma médula de la remodernización que la usa con un fin principal: desarraigar a todos para reubicarnos de modo más favorable a los intereses de una hiperclase que explota las principales instituciones económicas del mundo. La remodernización que comienza de lleno en los años noventa nos va a traer la persistencia de las viejas violencias modernas, la continuación de las vías exploratorias de la violencia postmoderna y nuevas expresiones violentas que aparecen en nuestra sociedad.

¿Crisis o Apocalipsis? Lo que sostenemos es que estamos en un ciclo vicioso provocado por la etapa de restauracionismo neoliberal que se inició a final de los años setenta y en el que las malas tendencias se refuerzan y apoyan mutuamente. Un tiempo de glaciación que sigue la ley de los ciclos políticos, que suelen durar lo que una generación, treinta años; aunque la esperanza de vida tenderá a alargar la duración de estos ciclos políticos quizás a cuarenta años. Existen violencias que remiten como en los deportes, bajo un férreo control policial, político y empresarial. Otras en cambio, campan promovidas por la industria o por la cultura neoliberal. Nuestra conclusión final en este estudio es que la principal fuente de violencia es la neoliberalización de la sociabilidad, que es una función de la neoliberalización de nuestro tiempo, un rasgo estructural de nuestra época de remodernización.

6. BIBLIOGRAFÍA

ANÓNIMO (2004), *Viaje al oeste, las aventuras del Rey Mono.* Barcelona: Ed. Siruela.

ARENDT, H. (1970), *Sobre la violencia.* Madrid: Alianza.

BAUDRILLARD, J. (2004), *La violencia del mundo.* Barcelona: Paidós.

BAUMAN, Z. (1998), *Trabajo, consumismo y nuevos pobres.* Barcelona: Gedisa, 2000.

BAUMAN, Z. (1999), *La sociedad individualizada.* Madrid: Cátedra 2001.

BAUMAN, Z. (2000), *Modernidad líquida*, Buenos Aires: FCE, 2003.

BAUMAN, Z. (2001), *La ambivalencia de la modernidad y otras conversaciones con Klein Tester.* Barcelona:Paidós, 2002.

BAUMAN, Z. (2003), *Comunidad: en busca de seguridad en un mundo hostil.* Madrid: Siglo XXI.

BAUMAN, Z. (2003), *Liquid love: on the frailty of human bonds*, Polity Press.

BAUMAN, Z. (2004), *Wasted lives*, Polity Press.

BECK, U. (comp.) (1997), *Hijos de la libertad*, Buenos Aires: Paidós, 1999.

BECK, U. y BECK-GERNSHEIM, E. (1995), *El normal caos del amor.* Barcelona: Paidós.

BECK, U. y BECK-GERNSHEIM, E. (2001), *La individualización. El individualismo institucionalizado y sus consecuencias sociales y políticas.* Barcetona: Paidós, 2003.

BECK, U. (1986), *La sociedad del riesgo.* Barcelona: Paidós, 2002.

BERIAIN, J. (2004), *Modernidad y violencia colectiva.* Madrid: CIS.

BURROUGHS, W. (1989), *El almuerzo desnudo*. Barcelona: Ed Anagrama.

BURROUGHS, W. (1989), *Expreso Nova*. Barcelona: Minotauro.

BURROUGHS, W. (2004), *La máquina Blanda*, Barcelona: Minotauro.

BURROUGHS, W. (2006), *Los chicos salvajes: el libro de la muerte*. Barcelona: El Alph. Editores.

CARRASCO, M. J. (2003), *La violencia en las relaciones de pareja*. En A. García-Mina y M. J. Carrasco (Eds.) *Violencia y género*. Madrid: Universidad Pontificia Comillas.

CORSI, J. (2003), *Violencias sociales*. Barcelona: Ariel.

ELLIS, B. E. (1992), *American Psycho*, Barcelona: Círculo de lectores.

FEIXA, C. (2005), *Jóvenes sin tregua. Culturas y políticas de la violencia*. Barcelona: Anthropos.

HUGO, V. (1972), *El hombre que ríe*, Barcelona: Bruguera.

IBORRA, I. (2005), *Violencia contra personas mayores*. Barcelona: Ariel.

INSTITUTO NACIONAL DE ESTADÍSTICA, Documentación disponible en www.ine.es Fecha de consulta: 8 de diciembre 2007.

LEYTON, E. (2005), *Cazadores de Humanos: El auge del asesino múltiple moderno*. Barcelona: Alba Ed.

MUÑOZ, I. (2007), *Maras: la cultura de la violencia*. Salamanca: Caja Duero.

SABUCEDO, J. M. (2003), *Los escenarios de la violencia*. Barcelona: Ariel.

SANMARTÍN, J. (2004), *El laberinto de la violencia*. Barcelona: Ariel.

SANMARTÍN, J. (2005), *Violencia contra los niños*. Barcelona: Ariel.

SEN, A. (2007), *Identidad y violencia*. Madrid: Katz.

SUBIRATS, E. (2006), *Violencia y civilización*. Madrid: Losada.

TILLY, C. (2006), *Violencia colectiva*. Barcelona: Hacer Ed.

CAPÍTULO II

LA VIOLENCIA EN LA PAREJA: DE LAS DESIGUALDADES AL ABUSO

Alicia Moreno Fernández
Directora del Master en Terapia Familiar y de Pareja
Instituto de Postgrado y Formación Continua
Universidad Pontificia Comillas de Madrid

"Las mujeres que sufren maltrato y en particular
las que son agredidas por sus parejas, son las únicas
víctimas de la violencia que no son consideradas inocentes,
sino cómplices, consentidoras, o responsables de la violencia
que sufren"
(Instituto de la Mujer)

Este capítulo analiza la violencia de género dentro de la relación de pareja a lo largo de un continuo en el que, partiendo de las desigualdades sociales entre hombres y mujeres, se aborda cómo se reproducen o perpetúan dichas desigualdades en la intimidad de la relación de pareja, para llegar a los casos más extremos de violencia emocional y física hacia las mujeres. Cuando hablamos de violencia de género nos referimos a la violencia que los hombres ejercen contra las mujeres, basándose en la ideología del patriarcado o del machismo. Esta ideología representa la masculinidad a través del dominio sobre la mujer, legitimando, por tanto, la posición de privilegio de los hombres, como grupo, y asignando a las mujeres una posición secundaria en la familia, en el trabajo, y en la sociedad (Alberdi y Rojas Marcos, 2005). Centrándonos específicamente en el contexto de la relación de pareja, expondremos cómo las diferencias de poder entre hombres y mujeres en distintas áreas de la relación de pareja (por ejemplo, en sus recursos económicos o en el reparto de tareas) pueden fácilmente convertirse en desequilibrios crónicos que, en lugar de corregirse o atenuarse, aumentan, y acaban generando situaciones de abuso hacia las mujeres. Los casos más extremos de abuso o violencia son aquellos en que el hombre lleva al extremo más destructivo su intento de control de la mujer mediante el uso de la fuerza o la coerción física o psicológica. Es decir, cuando hablamos de malos tratos o de violencia hacia las mujeres, no nos referimos a un "descontrol" de la agresividad del hombre, sino al conjunto de tácticas mediante las que algunos hombres hacen un abuso de poder emocional, económica, sexual o físicamente sobre las mujeres, para mantener a éstas en una posición de subordinación o dependencia, y perpetuar así su posición de privilegio y de dominio sobre ellas.

En los últimos años ha habido en España una mayor toma de conciencia social acerca del problema de la violencia conyugal sobre las mujeres. Esto se ha traducido, por ejemplo, en la aprobación de leyes que protegen a las víctimas y castigan a los agresores, el desarrollo de programas educativos y psicosociales y la implantación de recursos para ayudar a las mujeres víctimas de violencia. Se empieza a cuestionar la idea de que el maltrato a las mujeres sea un asunto privado, que pueda mantenerse oculto en la intimidad de la relación de pareja, o de que se explique únicamente en base a los supuestos rasgos de personalidad o psicopatológicos tanto de agresores como de víctimas (psicopatías, masoquismo, dependencia, etc). Sin embargo, siguen presentes, de una manera más obvia o más encubierta, múltiples manifestaciones y usos culturales que mantienen y legitiman diferencias entre hombres y mujeres en sus roles, responsabilidades y privilegios. El problema con estas desigualdades es que son tan comunes, forman hasta tal punto parte de nuestro entorno social e incluso de nuestras creencias y emociones acerca de la masculinidad y la feminidad, que no las percibimos, y se convierten en invisibles. Así, bajo el mito de que vivimos en una sociedad igualitaria, seguimos actuando bajo viejos "guiones" vinculados al género. Es, por tanto, el objetivo de este capítulo abordar los casos más extremos de maltrato hacia las mujeres así como tomar conciencia de las desigualdades cotidianas, los estereotipos y los roles de género tradicionales que los originan y legitiman, y en los que casi todos somos participantes o, al menos, cómplices. Sin olvidar que el maltrato a la mujer en la pareja es un problema complejo y multidimensional, en el que intervienen factores sociales, culturales, económicos, legales, sociológicos y psicológicos (de la víctima, el agresor y su entorno familiar), realizaremos este análisis fundamentalmente desde la óptica de diversas aportaciones teóricas y empíricas de la psicología y de la experiencia clínica psicoterapéutica con mujeres víctimas de maltrato.

1. LAS DESIGUALDADES EN LA RELACIÓN DE PAREJA

Las principales áreas de desigualdad sobre las que se asienta la violencia de género en la pareja son: (a) las diferencias en los recursos socioeconómicos de los que disponen hombres y mujeres, (b) el reparto de tareas en el hogar, y (c) la división de roles, deberes y privilegios en función de los roles de género tradicionales.

1.1. Los recursos

En las sociedades occidentales más desarrolladas se han dado en las últimas décadas avances en las medidas legales que equiparan los derechos de hombres y mujeres y en la igualdad al acceso de recursos como la educación o el empleo. Sin embargo, persisten diferencias significativas en el acceso de las mujeres al empleo, a los puestos de poder tanto en el trabajo como en otros ámbitos sociales, y en la remuneración económica. Las mujeres, a pesar de tener una cualificación similar o incluso superior en muchos casos a la de los hombres, sufren globalmente mayores tasas de desempleo, tienen trabajos más precarios, siguen chocándose contra el "techo de cristal" que dificulta su acceso a puestos directivos de mayor poder, prestigio y salario, y son peor pagadas incluso cuando realizan trabajos equiparables a los de los varones. Esto, sin olvidar que las mujeres se hacen cargo mayoritariamente de los trabajos no remunerados en el hogar y la familia, en los que nos detendremos más adelante. Por tanto, a nivel social, las mujeres siguen en una situación de discriminación en el acceso al empleo, a los puestos de poder y al dinero.

¿Cómo influyen estas desigualdades en la relación de pareja? Cuando se mantienen los roles más tradicionales, el hombre es el proveedor económico de la familia y la mujer abandona o relega su empleo para dedicarse al marido y a los hijos. Esta situación de dependencia económica dificulta el establecimiento de una relación más igualitaria, y hace a las mujeres más vulnerables ante posibles situaciones abusivas en la pareja. Cuando ambos cónyuges trabajan, el dinero que cada uno aporta influye en el uso de poder que se hace en la relación, en áreas como el reparto de tareas o la toma de decisiones (Steil y Weltman, 1991), e influye asimismo en la valoración que cada cónyuge hace acerca de las alternativas de que dispone si la relación se rompe (como por ejemplo en las relaciones de malos tratos), para poder sobrevivir independientemente. El empleo y los recursos económicos, por tanto, otorgan a las mujeres un cierto aumento de poder en la relación: les sitúan en mejor posición para negociar con sus cónyuges e intervenir en la toma de decisiones en términos de igualdad, y les ayudan a conseguir una cierta rebaja en la carga de trabajo doméstico y de cuidado de los hijos, si lo comparamos con mujeres sin trabajo remunerado o con menores niveles de ingresos. Algunos autores (Steil, 1997) plantean que las mujeres generalmente pierden poder al tener hijos, al pasar la pareja de una relación más igualitaria a una relación más tradicional. Cuando la mujer, al tener hijos, reduce, abandona o relega su trabajo a un segundo plano, y disminuye o pierde sus ingresos, pierde también parte de su independencia y de su poder en la relación.

Partiendo de esta idea de la mayor vulnerabilidad o dependencia emocional de las mujeres en la relación de pareja cuando no tienen el mismo acceso al dinero y, por tanto, de la imposibilidad de que puedan negociar con sus maridos en términos de igualdad, una famosa terapeuta de parejas norteamericana, Betty Carter (1996), diseñó una innovadora estrategia psicoterapéutica. En primer lugar, evaluaba el reparto y uso del dinero en las parejas que acudían a su consulta. Si constataba que había desequilibrios o desigualdades, por ejemplo, cuando los bienes o las cuentas bancarias estaban a nombre del marido, planteaba a las parejas el requisito de hacer los trámites necesarios para que todos sus bienes se repartiesen al 50% entre los dos. Sólo entonces estarían verdaderamente en condiciones de iniciar una psicoterapia en la que ambos tenían lo mismo que perder si la relación finalmente se rompía.

El dinero da a las mujeres (y a los hombres) mayor poder y libertad en la relación, pero las parejas siguen funcionando, incluso cuando la mujer tiene ingresos propios, bajo la premisa implícita de que le corresponden al hombre las decisiones económicas más importantes, y que la mujer no está tan legitimada para disponer libremente del dinero de la pareja, aunque legalmente ese dinero sea de los dos (Coria, 2003). Es decir, el significado y los usos del dinero en la pareja dependen también de las creencias asociadas a los roles de género. Un curioso ejemplo de esto lo encontramos en las parejas en las que la mujer gana más dinero que el marido. Estas mujeres consiguen más colaboración de los maridos en casa, y una cierta reducción en el trabajo doméstico que ellas debían realizar, pero no toda la que correspondería a su status e ingresos. Además, estas mujeres reconocen que les preocupa que sus maridos las vean como dominantes, y hacen un esfuerzo por no acaparar demasiado poder de decisión. Intentan minimizar o hacer invisibles las diferencias de salario, e incluso acaban siendo más tolerantes o menos exigentes con la falta de ayuda doméstica de sus maridos, por temor a dañar una masculinidad que intuyen amenazada (Tichenor, 1999). Es decir, los recursos son muy importantes, aunque en sí mismos no conllevan automáticamente una distribución del poder independientemente del género.

1.2. El reparto de tareas y funciones

Los hijos y la casa siguen siendo asunto de las mujeres, y ésta se mantiene, a lo largo del tiempo, como un área en la que es muy difícil y lento ir consiguiendo mayor igualdad. Muy poco a poco los hombres van participando algo más en los asuntos domésticos, sobre todo en algunas tareas del cuidado de los hijos, pero todos los estudios que se realizan para evaluar el reparto de cargas o la disponibilidad de tiempo libre de hombres y mujeres muestran que la igualdad aún está muy lejos y que los avances, por ejemplo, en la equiparación del tiempo diario o semanal que cada cónyuge dedica a la casa o a los hijos, son muy lentos. Las mujeres que trabajan fuera de casa realizan algo menos de trabajo doméstico y cuidado de los hijos que las amas de casa, pero en muy pocos casos hay igualdad en el reparto. Es lo que se llama, desde hace tiempo, "el segundo turno": la mujer trabaja fuera de casa, pero luego realiza un segundo turno de trabajo, esta vez no remunerado, al seguir ocupándose de la casa, los hijos y el marido. ¿Qué implica esto? Que las mujeres disponen de menos tiempo para sí mismas, o para otros intereses o actividades fuera de la familia, lo que puede repercutir a la larga en su bienestar emocional o en su desarrollo profesional o personal. Por otro lado, si ambos trabajan fuera de casa y aun así la mujer hace la mayor parte del trabajo doméstico, eso muestra que no se valora igualmente el valor del tiempo de ambos cónyuges, y que las mujeres prestan sus servicios para el bienestar de toda la familia desde una posición de falta de reciprocidad y con la consiguiente sensación de injusticia o falta de equidad.

Hay infinidad de parejas en las que el asunto de las tareas domésticas es conflictivo, y el cambio es difícil. Con frecuencia las mujeres se quejan a sus maridos, reclaman mayor colaboración, critican su poca implicación, y les culpan por la falta de reparto de las tareas. Estas reclamaciones a veces son eficaces, y otras muchas veces, por el contrario, chocan con la postura del marido de ponerse a la defensiva, al sentirse atacado. En este asunto, las mujeres son las portadoras de la bandera de la recriminación, apareciendo a veces como agresivas o coercitivas, o los maridos como pasivos, o blanco de las críticas de sus esposas, cuando en realidad son ellos quienes mantienen su situación de privilegio mediante su silencio y su escasa implicación. Ante las resistencias al cambio, muchas mujeres optan por asumir ésta como un área de desigualdad crónica en la relación, y abandonan sus reivindicaciones para no perturbar demasiado la "armonía familiar".

El trabajo doméstico tiene también una valoración afectiva, al considerarse como una forma de cuidado de los demás, dentro del mandato del rol de género femenino. Esto hace que a las mujeres les resulte más difícil cuestionar las desigualdades, y que a veces incluso las justifiquen intentando quitarles importancia o resaltando otros aspectos más positivos de sus relaciones de pareja. A veces minimizan esas desventajas, o maximizan la colaboración de los maridos y, en lugar de comparar el trabajo doméstico que ellas hacen con el que realizan sus maridos, comparan a estos con otros hombres que aún colaboran menos en la casa (argumento, por cierto, que también utilizan los propios maridos) (Hawkins, Marshall, Meiners, 1995).

En el reparto de tareas no sólo se dan desigualdades en las tareas domésticas, sino que la responsabilidad por el cuidado cotidiano de los hijos sigue recayendo mayoritariamente en las mujeres, tanto en las amas de casa como en quienes tienen un empleo. Aquí, de nuevo, intervienen las creencias de género según las cuales la madre es la mejor dotada, de manera "natural", para cuidar a los hijos. El mito del "instinto maternal", y el ideal de la "buena madre" forman parte de una tradición cultural y social a la que es difícil sustraerse. Las mujeres, y con cierta frecuencia también los hombres, dicen que quieren compartir la crianza. Sin embargo, a ambos les resulta muy difícil cuestionar el rol de las mujeres como cuidadoras principales y "expertas" en los hijos, y conseguir que los hombres reclamen y ejerzan activamente un papel protagonista, y no secundario, en la crianza de los hijos, sin que ambos tengan inquietud o temor cuando es el padre solo (sin la supervisión o presencia de la madre) el que se hace cargo de los hijos, sobre todo si son pequeños. Por tanto, se sigue esperando que los hijos sean lo más importante para la mujer, estableciendo una disyuntiva (que no se da en el caso de los hombres) en la que debe dar prioridad a su rol de madre por encima de otros proyectos o deseos personales o profesionales (Moreno, 2004).

1.3. Los mandatos de los roles de género

Los estereotipos de los roles de género son una construcción social acerca de los rasgos que culturalmente se atribuyen a las mujeres o a los hombres, en función de su sexo biológico. Estos estereotipos establecen una dicotomía, según la cual la feminidad se asocia, por ejemplo, a una mayor orientación a la familia y a las relaciones, tendencia a ser emocional e inestable, o una cierta fragilidad, pasividad y dependencia. En contraposición, la masculinidad se asocia a la fuerza y el poder, la orientación a los logros y la competitividad, la racionalidad, la agresividad, la firmeza y la independencia. Estas dos "mitades" de la experiencia humana no son equivalentes, sino que típicamente se ha dado una sobrevaloración de lo masculino y una devaluación de lo femenino. Esto implica no sólo una mayor valoración social de los hombres frente a las mujeres, sino un rechazo o discriminación en el interior de cada persona de los aspectos más típicamente femeninos que todos, hombres y mujeres, poseemos en mayor o menor medida. Es el llamado "patriarcado psicológico" (Real, 2003). Así, la socialización tradicional de los hombres les lleva a rechazar en sí mismos cualquier vestigio de "feminidad" (mostrarse sensibles, expresar sus vulnerabilidades, reconocer sus necesidades de dependencia o sus inseguridades), mientras que pone a las mujeres en el dilema de cumplir con un rol femenino tradicional devaluado, o arriesgarse a ser rechazadas o sentirse culpables si "se salen del guión".

Si aplicamos estas expectativas o mandatos de los roles de género a las relaciones de pareja, vemos que se acentúa en las mujeres la responsabilidad por el cuidado y bienestar de los vínculos, la necesidad de ser sensibles y atentas a las necesidades prácticas y emocionales de los demás. Es como si hubiese unos "mandatos de la bondad de las mujeres" (Bepko y Krestan, 1992) según los cuales una buena mujer debe tener una actitud de entrega y de servicio, debe cuidar de las relaciones y anteponer el cuidado y bienestar de los demás al suyo propio. Además, debe esforzarse por ser competente en estas funciones, y no mostrar frustración o enfado. Si la mujer no cumple con estos mandatos, corre el riesgo de ser tachada, por los demás, o por ella misma, de egoísta, mala madre o mala esposa, lo cual arremete contra los cimientos de la feminidad tradicional. Ambos, hombres y mujeres, tienden a dejar en manos de las mujeres el llamado "trabajo emocional" de las relaciones, es decir, el ejercicio de la empatía, la atención a los sentimientos de los otros, la actitud dialogante y flexible, y el trabajo de facilitar la conexión entre todos los miembros de la familia. En los hombres, la valía de su rol de género masculino no se pone tanto en juego en estas destrezas, sino en otros aspectos como los logros o la competitividad en el trabajo, y su aportación económica para el bienestar de la familia. Estos roles complementarios conllevan el riesgo para las mujeres de acabar excesivamente implicadas en la vida de los otros, haciéndose cargo de cuidarles o cambiarles, sintiéndose responsables por los problemas que puedan surgir en las relaciones y, en cambio, no responsabilizándose suficientemente por sí mismas. La prohibición del "egoísmo" en las mujeres les dificulta sentirse legitimadas a defender su bienestar y sus necesidades, sobre todo si eso implica que otras personas se puedan sentir molestas, incómodas o desatendidas. En el caso de los hombres, los mandatos del rol masculino conllevan el riesgo de que acaben en roles más periféricos, poco conectados emocionalmente con sus mujeres e hijos, e intentando mantener abierta o encubiertamente una posición de poder y superioridad.

Estos tres factores: las desigualdades socioeconómicas, en el reparto de roles y tareas, y en las expectativas de roles de género, que forman parte de la imagen de pareja "normal", culturalmente aceptada, se combinan de tal manera que esta relación pueda ser un contexto de riesgo para la aparición de distintas formas de abuso hacia las mujeres, sobre todo cuando las diferencias de poder entre los cónyuges son más marcadas. A continuación, analizaremos cómo son esas relaciones abusivas, que llevan al límite la posición de dominación del hombre y de subordinación de la mujer, y cómo se explica su evolución y mantenimiento.

2. LAS RELACIONES DE ABUSO O MALOS TRATOS

2.1. Características de la relación

Aunque la violencia hacia las mujeres puede aparecer en todo tipo de relaciones de pareja y en distintos contextos culturales y socioeconómicos, podemos hablar de ciertas señales de alarma que hacen más probable que la relación se convierta en abusiva. Por ejemplo, parejas que establecen una relación muy "fusionada", complementaria, basada en mitos idealizados del amor romántico, es decir, en la que ambos parten de la idea de que sólo van a necesitar a la otra persona para ser felices, y que, a su vez, cada uno tiene la capacidad de satisfacer completamente al otro. Este tipo de relación, en la que, de entrada, no se contempla la necesidad de dar cabida a la individualidad y a las diferencias entre los cónyuges, corre el riesgo de que ambas personas sean excesivamente dependientes del otro y queden "enganchados" en la relación. Con frecuencia se habla también de las maniobras de seducción del hombre, sobre todo al inicio de la relación, destinadas a conquistar a la mujer, que pueden entonces verse no como un intento de control, sino como una muestra de la intensidad de su amor.

La ideología de género más tradicional en ambos cónyuges, y especialmente en el varón, es también un factor de riesgo, especialmente cuando éste es muy susceptible a las cuestiones de poder entre hombres y mujeres, y tiene una tendencia exagerada a sentirse dominado o menospreciado (Ravazzola,1997). Las conductas y actitudes controladoras y posesivas por parte del hombre pueden ir en aumento, especialmente cuando aparecen otras actividades o personas a las que la mujer también dedica su tiempo (el trabajo, la familia, la llegada de los hijos), y es muy común que el maltrato psicológico y físico vaya en aumento con la llegada del primer hijo. En la relación se van alternando, típicamente, situaciones de agresión y de acercamiento, en lo que clásicamente se ha denominado "el ciclo de la violencia" (Walter, 1979).

En un ejemplo típico de dicho ciclo, aparecen inicialmente muestras de tensión o de hostilidad en el hombre, en sus gestos, actitudes, tono de voz, etc, ante las que la mujer reacciona con intentos de calmarle o de apaciguar su irritabilidad. Esta situación se mantiene durante un tiempo, hasta que algún incidente, a veces insignificante, contribuye a una escalada de hostilidad y de violencia verbal y física contra la mujer. Tras este episodio, o cuando la mujer da muestras de estar dolida por esta agresión, o se distancia física o emocionalmente del agresor, éste trata de anular, minimizar o justificar su comportamiento, expresando disculpas y promesas de cambio, en un intento de que la mujer no se aleje. En esta fase, la llamada "luna de miel", el agresor adopta una actitud agradable y solícita, intentando aparentemente complacer a la mujer y volver a ganarse su amor. Este comportamiento alimenta de nuevo en ella la esperanza de que él cambie o de que "todo vuelva a ser como antes", en ese ideal romántico del comienzo de la relación. Desafortunadamente, esta fase de reconciliación no es estable, ya que no se han producido cambios reales en la relación. Vuelven entonces a aparecer muestras de hostilidad e intentos de control coercitivo por parte del hombre cuando algo le incomoda, y el ciclo se inicia de nuevo (Hirigoyen, 2006). Esta alternancia de agresiones y momentos de acercamiento contribuye a crear confusión y ambivalencia en la mujer, que en algunos momentos se siente prisionera del agresor, y vive en estado de miedo y alerta, al ser intimidada o abusada por él, y en otros momentos se siente ligada emocionalmente a él, al verle como un hombre muy dependiente de ella, que la necesita para cambiar o, paradójicamente, para resolver los problemas que supuestamente le llevan a agredirla (por ejemplo, alcoholismo, estrés en el trabajo). Llegados a este punto, la responsabilidad por las agresiones está difuminada o incluso tergiversada, ya que la mujer cree que con sus esfuerzos va a lograr cambiar la relación y evitar que el marido vuelva a agredirla.

2.2. Factores protectores o de riesgo

Cualquier mujer puede sufrir malos tratos en la pareja, y se cuestiona si realmente existe un determinado perfil psicológico de las mujeres maltratadas, ya que algunas similitudes que se observan entre ellas se deben más a las consecuencias del maltrato sufrido que a supuestas características suyas anteriores al maltrato. En cualquier caso, mencionaremos algunos factores que pueden hacer más vulnerables a las mujeres. Por ejemplo, la historia previa de relaciones de apego, sobre todo sus vínculos con padres y hermanos, pueden hacer a la mujer más resistente ante las relaciones de maltrato, cuando ella ha vivido en su familia de origen un clima de respeto mutuo y de valoración. Es decir, cuando ha tenido la vivencia de una relación de reciprocidad y no de dominación, y sabe que es posible ser querida sin tener que "pagar un precio" por ello. Sin embargo, cuando en esas relaciones familiares ha habido malos tratos, aunque ella haya sido testigo y no víctima, o cuando ha sido desvalorizada, descalificada o sobre-exigida para intentar ganarse el cariño o la aprobación en la familia, la mujer entra ya en la relación de pareja desde una posición de inferioridad, en la que cree que tendrá que seguir esforzándose por conseguir el amor y el respeto de los otros.

Otros factores de riesgo tienen que ver con las áreas de desigualdad que abordamos en el apartado anterior. Por ejemplo, la ideología de género más tradicional de la mujer puede inhibirla a la hora de defender y plantear abiertamente sus necesidades y sus derechos en la relación, y puede empujarla a implicarse cada vez más para intentar cambiar o salvar la relación, aun cuando el cónyuge se implique cada vez menos. Hacerse responsable del bienestar de los hijos y de la armonía de la familia también son un freno para plantearse romper el matrimonio, ya que éste, típicamente, requiere de las mujeres una cierta actitud de renuncia y sacrificio. Por supuesto, el conjunto de recursos de los que disponga la mujer como persona autónoma también pueden ser factores protectores o de vulnerabilidad frente a las conductas abusivas del cónyuge. Las mujeres con menor nivel educativo, poca o ninguna preparación o experiencia laboral, y ausencia o escasez de ingresos económicos propios, están en peores condiciones para plantearse cuáles son sus "límites" en la relación, puesto que su subsistencia emocional y material fuera de ésta se hace mucho más difícil. En cambio, las mujeres que tienen proyectos personales significativos, y mayores recursos laborales, profesionales o económicos, cuentan, al menos, con la posibilidad material de poder salir adelante y no depender económicamente de nadie. Estos recursos no explican por sí solos la dificultad de las mujeres para salir de las relaciones de maltrato, puesto que mujeres de todos los niveles socioeconómicos y profesionales son maltratadas, pero sí que pueden ser un grave obstáculo que se añade a la dificultad de liberarse del vínculo de miedo, dependencia y ambivalencia en el que están atrapadas.

Otros recursos importantes para las mujeres son los que tienen que ver con su entorno social y familiar, en cuanto al apoyo material y emocional que obtienen de sus relaciones más significativas. La actitud y creencias de su familia de origen pueden reforzarla a la hora de hacer frente al maltrato, al sentirse legitimada para ponerle freno, o pueden debilitarla al cuestionar sus percepciones, minimizar la gravedad del maltrato, o culpabilizarla por sus errores en la relación. La capacidad que tenga la mujer de mantener o crear una red social de contención y seguridad es fundamental para tener una referencia y una visión de la realidad que no sea la que establece el agresor, en la cual la mujer es la culpable o responsable de su propio maltrato.

2.3. Distintas formas de abuso

Las distintas modalidades de abuso (emocional, sexual, económico y físico) se inscriben dentro de relaciones de dominación. En estas relaciones hay falta de reciprocidad y de equidad, y un uso abusivo del poder de una persona por encima de la otra, con la finalidad de obtener o mantener una posición de privilegio, controlar a la persona subordinada, y conseguir que ésta se adapte a sus deseos o necesidades. Estas relaciones (entre parejas, pero también en otros contextos familiares, laborales, o incluso políticos) se orientan a garantizar las "ganancias" o bienestar de la persona o el grupo dominante, aun a costa de la situación de desventaja o "pérdida" de la persona o grupo dominado, y dificultan o coartan el crecimiento de éste, que acaba debilitado y dañado física o emocionalmente. Como alternativa a este modelo, las relaciones de mutualidad o reciprocidad (Genero, Miller, Surrey, 1992) establecen un uso del poder en el que ambas partes "ganan" y ninguno "pierde", se fomenta una actitud de respeto mutuo y de equidad en el intercambio de cargas y privilegios, y se da un crecimiento mutuo y un efecto de mayor salud y bienestar para las personas implicadas.

Utilizando la descripción de las investigadoras del Stone Center (Miller, 1986) sobre las relaciones de igualdad o reciprocidad emocional, que fomentan el crecimiento psicológico, vemos que se caracterizan por una empatía mutua, un genuino interés por el otro, autenticidad o permiso para mostrarse cada persona tal como es, empoderamiento ("empowerment"), o capacidad de acción que surge a partir de la relación, una sensación de mayor energía y capacidad de disfrute, y un respeto por las diferencias en pensamientos y sentimientos de la otra persona. Estas relaciones de crecimiento mutuo fomentan en las dos personas un sentimiento de ser valiosas en sí mismas y aceptadas por el otro, una mayor claridad en la percepción de uno mismo y del otro, y una creciente sensación de vitalidad y de conexión que motiva a la persona a buscar y abrirse a otras relaciones. Por el contrario, las relaciones abusivas o de dominación tienen como consecuencia que la persona en la posición inferior experimenta una sensación de pérdida de vitalidad y energía, se siente cada vez más impotente y menos capaz de actuar en esa y otras relaciones, sufre cada vez más confusión en la percepción de sí misma y de su realidad, se siente descalificada y desvalorizada por la otra persona y por sí misma, y acaba aislada y desconectada en ese vínculo, y desmotivada para establecer otras relaciones.

Las maniobras o estrategias que utiliza la persona dominante, en este caso el agresor, para conseguir y mantener el control sobre la otra persona comienzan por el *maltrato psicológico*. Este es el conjunto de actitudes, comportamientos y palabras que denigran o niegan la manera de ser de la otra persona, y que tienen por objetivo desestabilizarla o herirla para lograr su sometimiento y control. La otra persona deja de ser considerada un sujeto, para pasar a ser tratada como un objeto.

Las maniobras de violencia psicológica que utilizan los agresores son múltiples (Bonino, 1995; Jacobson y Gottman, 2001; Ravazzola, 1997). La base de todas ellas es una actitud de indiferencia ante las necesidades o demandas afectivas de la mujer; el hombre ignora sus sentimientos, no está disponible física o emocionalmente, y se mantiene en una actitud distante o de silencio cuando la mujer quiere entablar comunicación. Esto genera en ella una creciente sensación de carencia, frustración e inseguridad. Además de no estar atento a lo que la mujer necesita, el hombre directa o indirectamente hace un reclamo constante a la mujer de cuidado y sometimiento a sus necesidades, y espera que el tiempo y la energía de ella estén disponibles cuando él lo requiera. De manera sutil al principio, y más evidente posteriormente, el hombre desvaloriza o descalifica a la mujer, erosionando así poco a poco su autoestima. Esto puede ocurrir de múltiples formas: no valorando la forma de ser o nada de lo que hace la mujer; infantilizándola con una actitud paternalista; acusándola de débil, inmadura, de estar loca, de ser tonta, de actuar como una histérica, etc. Atacando o cuestionando lo que ella valora: sus amigos, su familia, sus opiniones. Criticando su valía, por ejemplo, como mujer o como madre. Y finalmente, insultándola o humillándola incluso en presencia de otros.

Junto con estas conductas y actitudes del hombre, que provocan un daño emocional en la mujer, se da en las relaciones abusivas una inversión de la culpabilidad. Así, el hombre responsabiliza a la mujer de sus propios sentimientos, de sus reacciones ("me sacas de quicio"), e incluso de las agresiones más violentas, apelando a las supuestas "provocaciones" de ella. Esta culpabilización de la víctima hace que hasta ella misma se cuestione o sienta que tiene que justificarse frente a las acusaciones del marido.

Las maniobras de acoso y celos patológicos son también típicas de las relaciones abusivas. El hombre, escudándose en sus "celos por amor", o su deseo de "estar siempre juntos", intenta controlar todos los movimientos de la mujer. Al no poder tolerar la individualidad o independencia de ella, intenta boicotear cualquier contacto o comunicación que ella tenga con otras personas, especialmente con otros hombres, y la acusa injustificadamente de infidelidad o engaños. Este control acaba extendiéndose a todas las personas cercanas a la mujer: sus amigas, sus compañeros de trabajo, su familia de origen, ante los que el hombre se muestra receloso o desconfiado. El hombre controla los movimientos de la mujer, con quién sale o con quién se comunica; dificulta sus relaciones y critica a las personas con quien ella tiene relación; monta algún escándalo o conflicto cuando la mujer está con ellos, o se enfada cada vez que la mujer tiene algún contacto fuera de la relación. Se da así un aislamiento progresivo de la mujer, que pierde los apoyos emocionales que quizá le ayudarían a fortalecerse para hacer frente al abuso.

Entrando ya más directamente en el terreno del terrorismo psicológico, los agresores utilizan amenazas, chantajes emocionales y actos de intimidación que intentan atemorizar a la mujer. Gritan o hablan en un tono de voz amenazante y hostil; golpean o rompen objetos, haciendo una exhibición intimidatoria de su fuerza física; amenazan con golpearla o con vengarse con ella, su familia, o los hijos, si la mujer no se somete. Finalmente, en el momento en que la mujer se muestra dispuesta a romper la relación, estas amenazas e intentos de intimidación se intensifican (amenazas de matar a la mujer y/o a los hijos, de hacerle la vida imposible, de "cometer cualquier locura", de suicidarse) y, desgraciadamente, en muchos casos se acaban cumpliendo. Precisamente la decisión de la mujer de separase de un cónyuge maltratador la pone en una situación de riesgo para su vida, al cuestionar la posesión y el control del hombre sobre ella.

Junto con el maltrato psicológico, existen otras formas de someter de la mujer sin recurrir aún a la fuerza física. Una de ellas es el *maltrato económico*, mediante el cual el marido hace un uso abusivo del dinero de la pareja, o de su poder económico. En las relaciones en las que la mujer no tiene ingresos propios, e incluso en algunas en que ambos tienen ingresos, algunos hombres establecen su dominio controlando exhaustivamente el dinero que gasta la mujer, dándoselo ellos personalmente, "con cuentagotas" y con reproches, o negándose a que ella tenga una tarjeta o acceso a la cuenta del banco. En muchas ocasiones, las mujeres quedan fuera de la toma de decisiones que afectan a la economía familiar, y no tienen información sobre la situación económica de la familia o sobre los ingresos del marido. Otras veces, las mujeres trabajan en los negocios familiares o las empresas a nombre del marido, pero no disponen de un contrato o una nómina, de manera su trabajo permanece invisible y sin remunerar, y difícilmente podrían reclamar legalmente el dinero y los bienes que ellas contribuyen a generar. En los casos en que la mujer tiene trabajo e ingresos propios, también esto puede ser utilizado en un chantaje emocional por parte del hombre, presionándola para que abandone o relegue su trabajo, o culpabilizándola de no atender adecuadamente a la familia, "como es su obligación". Finalmente, ante los procesos de separación, algunos hombres amenazan con no darle ningún dinero a la mujer, y utilizan todo tipo de estrategias para ocultar sus ingresos y evadir el pago de las pensiones estipuladas.

Otra modalidad de maltrato en la relación es la *violencia sexual*, que consiste en obligar a la mujer a mantener relaciones sexuales no deseadas, mediante coacciones o amenazas. Este tipo de violencia puede darse aisladamente o junto con otras formas de violencia física. En cualquier caso, no suele ser un acto motivado por el deseo sexual sino que, como todas las formas de explotación sexual de las mujeres, es un medio de dominación, de confirmar la pertenencia de la mujer al hombre y su obligación de satisfacerle. En su análisis de este problema, Fuertes (2000) resume algunas de las creencias sobre las que se asienta la violencia sexual. Por ejemplo, la de que la mujer tiene la obligación de mantener relaciones sexuales cuando el hombre las desea, aunque a ella no le apetezca, o la visión de la masculinidad vinculada a una posición del hombre como dominante, poderoso, y dispuesto a conseguir todo aquello que quiere, incluso mediante la coerción. A esto se une la expectativa social de que el hombre sea sexualmente activo y la mujer no muestre abiertamente sus deseos sexuales, con el mito tan dañino de que a veces, cuando la mujer dice no, en realidad quiere decir sí. Los actos que se justifican bajo estas creencias pueden ir desde chantajes emocionales para que la mujer "apacigüe" al marido accediendo a tener sexo con él, hasta todo tipo de coacciones, amenazas y presiones para que la mujer acabe realizando actividades sexuales que no desea.

Finalmente, las *agresiones físicas* constituyen uno de los últimos escalones en la progresión de la violencia, y suelen darse cuando la mujer se resiste a las otras formas de violencia o abuso o el hombre siente que no la ha conseguido controlar suficientemente. En palabras de Hirigoyen (2006, p.38), *"por medio de los golpes se pretende marcar el cuerpo, causar una profunda fractura en el envoltorio corporal de la mujer y provocar así la caída de la última barrera de resistencia para poseerla por completo. Es la marca del dominio, la huella que permite leer en el cuerpo la aceptación de la sumisión".*

La violencia física en la pareja puede comenzar, como comentamos anteriormente, con el uso intimidatorio por parte del hombre de su fuerza física contra los objetos de la casa (puertas, objetos de adorno, etc) o contra las pertenencias de la mujer (su ropa, sus libros, u otros objetos personales de valor emocional para ella). Las agresiones físicas a la mujer suelen ir creciendo en intensidad, desde empujones, pellizcos, bofetadas, tirones de pelo, patadas, puñetazos, quemaduras, agresiones con armas, etc. En algunas relaciones estas agresiones físicas son muy graves y relativamente frecuentes y llegan incluso a los asesinatos de las mujeres, alarmantemente frecuentes. En muchas otras relaciones de abuso, sin embargo, basta que estos episodios de violencia física hayan ocurrido alguna vez para que eso ya cambie completamente la naturaleza de la relación, en la que siempre está presente, abierta o encubiertamente, la amenaza de que vuelvan a reproducirse. A partir de entonces, la mujer actúa gobernada por el miedo, que pone un límite a su capacidad de pensar o actuar libremente y, por tanto, la violencia física cumple su objetivo.

2.4. Evolución y mantenimiento del maltrato de pareja

Los malos tratos en la relación de pareja suelen ir agravándose a lo largo de los años, en los que las mujeres recurren a todo tipo de estrategias para adaptarse y sobrevivir en esa situación. En un intento de amortiguar o evitar los episodios de violencia física o verbal, las mujeres habitualmente intentan complacer al cónyuge, ya sea para satisfacerle y ganarse su aprobación, o bien como un intento de apaciguar su hostilidad, evitando que se sienta frustrado o molesto. Al sentirse ellas mismas culpabilizadas por las reacciones violentas del marido, a veces tratan de justificarse frente a estas acusaciones, entrando en el razonamiento distorsionado de él, e intentando convencerle de su inocencia. Como se sienten dominadas por una sensación de miedo, ya que en cualquier momento se puede desatar la ira de su marido, adoptan permanentemente una actitud de "hipervigilancia", atendiendo o intentando controlar cualquier detalle que pueda perturbarle. Esto implica un estado de tensión física y mental que les acaba generando problemas psicosomáticos y de ansiedad crónica.

A pesar de esta vivencia de miedo y alarma ante las reacciones de sus cónyuges, las mujeres maltratadas tienen también con frecuencia la impresión de que ellos tienen problemas, traumas o inseguridades que les hacen "descontrolarse", y que ellas pueden y deben ayudarles a cambiar. Intervienen aquí, de nuevo, los mandatos del rol femenino tradicional, que exigen de las mujeres aliviar el malestar del cónyuge, dar un amor incondicional, y tener una actitud de entrega y compromiso en la relación incluso si no se da un trato recíproco. Muchas mujeres participan del mito de que el amor y el buen trato de ellas hacia él le harán finalmente cambiar, y recompensarlas por su generosidad. La realidad suele ser la contraria: cuanto más da la mujer, más exige de ella el agresor, que se siente autorizado a seguir pidiendo, en un creciente desequilibrio. Las mujeres maltratadas acaban estando tan pendientes o tan sometidas emocionalmente al agresor, que pierden gradualmente la conexión con sus propios pensamientos y emociones. Así, utilizan las mismas distorsiones cognitivas que ellos, minimizando el abuso ("él no suele ser así; sólo ha sido violento en un par de ocasiones"); negando el daño que les produce ("en realidad él me quiere; en el fondo no quiere hacerme daño"); culpabilizándose ("tengo que controlar mis nervios", o "no consigo hacerle feliz"), o buscando justificaciones o excusas para el abuso ("está pasando una mala racha"). Quizá este es uno de los efectos más devastadores del abuso: la anulación mental y emocional de la mujer, y la duda o renuncia a sus propias percepciones. En esta relación en que su individualidad no es respetada, la mujer deja de tener voz propia y acaba asumiendo la visión desvalorizada de sí misma que proyecta el agresor sobre ella.

Algunas de las vivencias más comunes en las mujeres maltratadas son la impotencia, la culpa y la vergüenza. La impotencia proviene de la sensación de que, a pesar de todos sus esfuerzos, nada de lo que hacen parece servir para cambiar la relación y conseguir que "vuelva a ser como antes". El sentimiento de culpa viene, como ya hemos mencionado, del discurso del agresor, que hace a la mujer responsable de las acciones de él. El mandato de género que empuja a las mujeres a hacer todo lo posible por salvar la relación, también les genera una culpa que les impide atreverse a pensar y actuar por sí mismas. Por otro lado, las mujeres también se sienten avergonzadas precisamente por mantenerse en esa situación, por "dejarse tratar así", por no ser más fuertes, por sentirse incapaces de crear un hogar feliz. Y sienten vergüenza ajena por el comportamiento del marido, que tratan de ocultar.

Los malos tratos en la pareja, como casi todos los tipos de abusos en el interior de la familia (maltrato a los ancianos, abuso sexual o físico hacia los niños y niñas), suelen permanecer ocultos durante mucho tiempo, protegidos por la negación del agresor, el temor y vergüenza de la víctima, y la complicidad del entorno familiar y social. Por eso, cuando finalmente se rompe el secreto y la mujer habla de su abuso o pide ayuda a una persona de su confianza o un profesional, es fundamental dar una respuesta de validación de la experiencia y vivencias de la mujer, buscar los recursos necesarios para apoyarla, y actuar sobre los factores que hasta entonces han contribuido a la continuidad de los malos tratos.

2.5. La ayuda psicológica a las víctimas de maltrato

Una vez que se ha valorado la situación de riesgo de la mujer, y se le ha ayudado a tomar las medidas necesarias para protegerse (por ejemplo, pedir una orden de alejamiento, acudir a un centro o servicio específico de apoyo a las mujeres maltratadas, tener un plan de emergencia si se encuentra en una situación de peligro, etc), puede plantearse una psicoterapia en la que se apoye y fortalezca a la mujer para realizar los cambios necesarios en su vida que le permitan salir de la relación de abuso. El trabajo psicoterapéutico con víctimas de malos tratos debe abordar distintos niveles: (a) las características particulares de la mujer, (b) las características de su relación de pareja y el vínculo con el agresor, (c) su historia familiar, y el contexto familiar y relacional actual, (d) la perspectiva de los mandatos de género, y (e) el contexto y los recursos socioeconómicos con los que cuenta.

Dado que las experiencias de maltrato son tan dolorosas y a veces tan vergonzosas para las víctimas, éstas sólo se decidirán a relatarlas si se crea un contexto en el que se vayan a sentir escuchadas sin sentirse invadidas, y en el que se les ayude a ir recuperando la confianza en sus propias percepciones. En este proceso de reconstrucción de su experiencia en la relación, es importante hacer visible la violencia, en sus formas más o menos directas o sutiles, desvelando, por ejemplo, las maniobras o actitudes del agresor que, por acción u omisión (por ejemplo, ignorar los sentimientos de la mujer), han ido contribuyendo a su malestar. Se trata de identificar tanto los procedimientos que el cónyuge ha utilizado para intentar dominarla, como las reacciones o actitudes de la mujer ante esos comportamientos. Ya hemos visto cómo la mujer, sin ser consciente de ello, entra en el ciclo del maltrato como una cómplice involuntaria, y sus intentos de apaciguar, complacer, justificar o cambiar al agresor contribuyen a reforzar las maniobras de dominio de éste. La cuestión de la responsabilidad y la culpa deben establecerse claramente, de manera que se considere al agresor como el único responsable de sus actos violentos, mientras que la mujer no debe hacerse responsable de cómo él reaccione o actúe, pero sí puede y debe responsabilizarse de su propia vida y hacer lo posible por protegerse y cuidarse.

Por supuesto, para ayudar a las mujeres a cambiar y romper los vínculos con hombres que las maltratan, hay que entender también que dentro de esas relaciones sigue habiendo algo que las mujeres viven como "amor", que es muy difícil de romper. Como profesionales, no podemos rechazar o criticar esos sentimientos de las mujeres, pero sí intentar entender qué significa o cómo viven ellas ese amor, y cómo actúan tanto ellas como sus cónyuges supuestamente en nombre del "amor". Ya hemos constatado cómo los mitos del amor romántico están cargados de ideología de género, e implican para la mujer una actitud de renuncia y de entrega, ausencia de "egoísmo", y responsabilidad por el bienestar del otro y del vínculo. En una relación de maltrato, este mito conduce peligrosamente a una posición subordinación y dependencia emocional de la mujer. No es que la capacidad de cuidado de la mujer hacia otras personas sea algo peyorativo, sino que debe analizarse con claridad cuáles son las consecuencias para la vida y el bienestar de la mujer cuando ella renuncia a plantear y defender sus deseos y necesidades en las relaciones, para volcarse en complacer los de las otras personas. En cualquier caso, revisar, cuestionar e incluso renunciar a estos mandatos y sustituirlos por otros modelos de relaciones más igualitarias o recíprocas es un proceso lento y delicado.

Finalmente, en el trabajo con mujeres maltratadas y, en general, en el abordaje de todas las manifestaciones de violencia de género, debemos evitar reproducir con la víctima los mismos patrones de relación que se dieron con el agresor (infantilizarla, tomar decisiones por ella, minusvalorarla, culpabilizarla, o hacerla dependiente de nuestras opiniones o consejos). Y, por supuesto, debemos hacer una reflexión personal acerca de cómo nosotros mismos también reproducimos ciertos modelos de relación, roles, creencias o estereotipos que justifican o mantienen las asimetrías vinculadas al género en las relaciones de las que formamos parte.

3. Bibliografía

Alberdi, I. y Rojas Marcos, L. (2005), *Violencia: tolerancia cero*, Barcelona: Obra Social. Fundación La Caixa.

Bepko, C. y Jo-Ann Krestan, J. (1992), *Por qué las mujeres no saben decir no*, Argentina: Javier Vergara Editor, 1992. (Edición original en inglés: *Too good for her own good*, Nueva York: Harper and Row, 1990).

Bonino, L. (1995), "Desvelando los micromachismos en la vida conyugal", en Jorge Corsi (Ed.), *Violencia masculina en la pareja*, Barcelona: Paidós.

Carter, B. (1996), *Love, honor and negotiate. Building partnerships that last a lifetime*. Nueva York: Pocket Books, 1996.

Coria, C. (2003), *El dinero en la pareja*, Buenos Aires: Paidós.

CORSI, J. (compilador) (1995), *Violencia familiar. Una mirada interdisciplinaria sobre un grave problema social*, Barcelona: Paidós.

ECHEBURÚA, E. y CORRAL, P. (1998), *Manual de violencia familiar*, Madrid: Siglo Veintiuno de España Editores.

FUERTES, A. (2000), "La coerción y la violencia sexual en la pareja", en NAVARRO GÓNGORA y PEREIRA MIRAGAYA (compiladores), *Parejas en situaciones especiales*. Barcelona: Paidós.

GENERO, N., MILLER, J. B. y SURREY, J. (1992), *The mutual psychological development questionnaire*, Wellesley College, Massachusetts: Stone Center for Developmental Service and Studies.

GOLDNER, V. (2003), "El tratamiento de la violencia y la victimización en las relaciones íntimas", en *Revista de psicoterapia*, Vol. XIV, nº 54-55.

HAWKINS, A., MARSHALL, C. M. y MEINERS, K. M. (1995), "Exploring wives' sense of fairness about family work: an initial test of the distributive justice framework". *Journal of Family Issues*, 16 (6), p. 693-721.

HERMANN, J. (1992), *Trauma and recovery*, Nueva York: Basic Books.

HIRIGOYEN, M.-F. (2006), *Mujeres maltratadas. Los mecanismos de la violencia en la pareja*, Barcelona: Paidós, p. 38.

INSTITUTO DE LA MUJER (2001), *La atención sociosanitaria ante la violencia contra las mujeres*, Madrid: Instituto de la Mujer.

JACOBSON, N. y GOTTMAN, J. (2001), *Hombres que agreden a sus mujeres*, Barcelona: Paidós.

MILLER, J. B. (1986), *What do we mean by relationships?* Wellesley College, Massachusetts: Stone Center for Developmental Service and Studies.

MORENO, A. (2002), *Relación de pareja y sintomatología depresiva en las mujeres*, Tesis doctoral. Madrid: Facultad de Ciencias Humanas y Sociales de la Universidad Pontificia Comillas.

MORENO, A. (2004), "Tiene fiebre y tengo que ir a trabajar", en *La familia ante momentos difíciles*, Madrid: Consejería de Familia y Asuntos Sociales, Comunidad de Madrid.

RAVAZZOLA, C. (1997), *Historias infames: los maltratos en las relaciones*. Barcelona: Paidós.

REAL, T. (2003), *¿Cómo puedo entenderte?*, Barcelona: Urano.

STEIL, J. (1997), *Marital equality. Its relationship to the well-being of husbands and wives*, California: Sage Publications.

STEIL, J. y WELTMAN, K. (1991), "Marital inequality: the importance of resources, personal attributes, and social norms on career valuing and the allocation of domestic responsibilities", en *Sex Roles*, 24 (3/4), 1991, p. 161-179.

TICHENOR, V. J. (1999), "Status and income as gendered resources: the case of marital power", en *Journal of Marriage and the Family*, 61, p. 638-650.

WALKER, L. (1979), *The battered woman*, Nueva York: Harper and Row.

CAPÍTULO III

LA VIOLENCIA SOBRE LOS NIÑOS: EL MATRATO INFANTIL Y EL CASTIGO FÍSICO EN EL SENO DE LA FAMILIA

Blanca Gómez Bengoechea y
Ana Berástegui Pedro-Viejo
Instituto Universitario de la Familia
Universidad Pontificia Comillas de Madrid

"Ser disciplinado como esclavo crea el temperamento
esperado de esclavos… Golpear a los niños y aplicarles
otros tipos de castigo corporal no es la herramienta
apropiada para quien busca formar hombres inteligentes,
buenos y sabios"
(Jonh Locke)

1. INTRODUCCIÓN

El notable aumento de los casos de violencia doméstica de los que, casi a diario, se hacen eco los medios de comunicación, es uno de los problemas sociales que más alarma ha generado en nuestro país en los últimos años. Resulta claro que no nos encontramos ante un problema de reciente aparición, pero sí ante un nuevo fenómeno de concienciación colectiva acerca de la necesidad de poner fin a una terrible realidad de la que, en general, sólo conocemos la punta del iceberg, pues la mayor parte de los casos no se denuncian, y permanecen ocultos en la más estricta intimidad familiar.

En un contexto social en el que los menores son, junto con los ancianos, los miembros más vulnerables de la estructura familiar, y en el que padecen, generalmente en silencio e indefensos, sin capacidad alguna de denuncia o reacción, los abusos de aquellos que deberían ser sus máximos valedores y protectores, conviene detenerse a reflexionar sobre el tipo de violencia que sufren dentro de la familia, la frecuencia con que esta se presenta, y la manera en la que puede intentar evitarse.

La reflexión sobre la violencia que, sobre los niños, existe en la familia, debe centrarse en dos puntos fundamentales. El primero de ellos está relacionado con la existencia y la necesidad de, como primer paso, eliminar el maltrato infantil en todas y cada una de sus manifestaciones. La segunda cuestión importante en la que hay que detenerse, por ser el siguiente objetivo a lograr, es la promoción del buen trato en las relaciones padres-hijos, cuestión que en los últimos tiempos aparece estrechamente relacionada con el debate social existente sobre la conveniencia o no de prohibir legalmente el castigo físico en el ámbito familiar.

2. EL MALTRATO INFANTIL INTRAFAMILIAR

2.1. Concepto

Si hablamos de violencia contra los niños hablamos, generalmente y en primer lugar, de maltrato infantil. Este maltrato ha sido definido como toda lesión física o psicológica no accidental ocasionada por los responsables del desarrollo del niño, que se produce como consecuencia de acciones físicas, emocionales o sexuales, de comisión u omisión, que ponen en riesgo el desarrollo normal del niño a nivel físico, psicológico y/o emocional (Martínez Roig y Paúl Ochotorena, 1993). Incluye, por tanto, en sus definiciones clásicas (Arruabarrena, De Paúl y Torres; 1996):

- ❖ El maltrato físico: *"cualquier acción no accidental por parte de los padres o cuidadores que provoque daño físico o enfermedad en el niño o le coloque en grave riesgo de padecerlo"*.
- ❖ La negligencia: *"aquella situación en la que las necesidades físicas básicas del menor no son atendidas temporal o permanentemente por ningún miembro adulto del grupo que convive con el niño"*.
- ❖ El maltrato emocional: *"hostilidad verbal crónica en forma de insulto, burla, desprecio, crítica o amenaza de abandono, y constante bloqueo de las iniciativas de interacción infantiles (desde la evitación hasta el encierro o confinamiento) por parte de cualquier miembro adulto del grupo familiar"*.
- ❖ El abuso sexual: *"cualquier clase de contacto sexual en un niño de menor de 18 años por parte de un familiar/tutor adulto desde una posición de poder o autoridad sobre el menor"*.

A estas formas de violencia se suman aquellas otras que no necesariamente se dan en el seno de la familia, tales como el trabajo infantil, la violencia escolar y la mendicidad infantil.

2.2. Las cifras del maltrato infantil

La dificultad para detectar y denunciar el maltrato que sufren los niños en el ámbito familiar, e incluso para probarlo en los casos en los que no deja secuelas físicas y la única prueba del mismo es la palabra de un menor, muchas veces atemorizado e inseguro, hace que las dimensiones reales de este fenómeno en nuestro país sean difíciles de precisar.

Si nos fijamos en el número de casos que han llegado al sistema de protección de menores, y bajo el presupuesto de que todos los casos de maltrato han sido detectados y convertidos en expedientes de protección, los últimos estudios estiman que 7,1 de cada 10.000 menores sufren malos tratos infantiles en España. Por lo general, en estos casos se solapan varios tipos de maltrato al mismo tiempo, salvo en el caso de la negligencia, que no siempre se acompaña de otras clases de maltrato.

Tabla 1: CASOS DE MALTRATO QUE HAN LLEGADO AL SISTEMA DE PROTECCIÓN Y TIPOLOGÍA DEL MALTRATO SUFRIDO

Tipología de Maltrato	Jiménez, Oliva y Saldaña (1996)	Centro Reina Sofía para el Estudio de la Violencia (2002)
Negligencia	79,1%	86,4%
Maltrato Emocional	42,5%	35,4%
Maltrato Físico	30,1%	19,9%
Explotación laboral	4,2%	
Mendicidad	9,3%	
Corrupción	4,2%	
Abuso Sexual	4,2%	3,6%
Maltrato prenatal	5,0%	
Tasa de Prevalencia	0,44%$_\circ$	0,71%$_\circ$
Número de casos	8.575	10.777

Fuente: Jiménez, Oliva y Saldaña (1996); Centro Reina Sofía para el estudio de la violencia (2002).

Sin embargo, se presupone que esto es sólo la punta del iceberg de la realidad de la infancia maltratada en España, ya que únicamente se detectan entre un 10 y un 20% de los casos de maltrato y menos de un 5% de los de abuso sexual. Por ejemplo, en Cataluña, donde se estudian los casos detectados desde todos los ámbitos de intervención con menores pero que no han llegado necesariamente al sistema de protección, se estima que en 1998 la tasa de incidencia del maltrato fue de casi dos niños de cada 100 (18%$_o$), de los cuales un 72,7% sufrió trato negligente, un 38,8% maltrato emocional, un 15,5% maltrato físico y un 9,2% abuso sexual, lo que probablemente nos de una idea más ajustada de las tasas españolas (Inglés et al, 2000). Asumiendo que las diferencias con otras comunidades autónomas no deberían ser significativas, y extrapolando las cifras del estudio realizado en Cataluña al resto de España, se estima que, en el año 2000, los niños maltratados en nuestro país eran 147.580 (Prodeni).

Comparando nuestras tasas de maltrato infantil con las de los países de nuestro entorno se puede concluir que España es el país industrializado que menos gravemente maltrata a sus menores, ya que en nuestro país murió por esta causa en un periodo de cinco años a finales de los 90, un niño menor de quince años por cada millón mientras que, por ejemplo, en Estados Unidos se producen 2,2 muertes infantiles por maltrato de cada 100.000 niños.

A pesar de que comparativamente las cifras son bajas, no podemos dejar de lamentar las 44 muertes, nueve de ellas de bebés menores de un año, que supone este porcentaje (UNICEF, 2003), y la evolución de las cifras desde el año 2000 hasta el 2004, que muestra un incremento del 100% en el número de casos.

Tabla 2: MENORES MUERTOS A MANOS DE SUS PADRES

Año	2000	2001	2002	2003	2004	Increm. 2000-2004
Número	6	16	13	8	12	100%
Prevalencia por cada millón	0.82	2.20	1.76	1.07	1.58	92.68%

Fuente: Centro Reina Sofía para el estudio de la violencia

2.3. La exigencia de eliminación del maltrato infantil

La lucha contra el maltrato infantil ha empezado a cobrar un cierto protagonismo en los últimos años, en los que ha sido frecuente la puesta en marcha de programas de formación y protocolos de detección y denuncia del maltrato, sobre todo en los ámbitos educativo y sanitario, por parte de las entidades de protección de menores de las distintas comunidades autónomas.

Sin embargo, aunque la legislación penal prevé la inhabilitación para el ejercicio de la patria potestad y agrava las penas previstas para delitos como los de lesiones, amenazas, coacciones, violencia física o psíquica habitual, y agresión o abuso sexual en los casos en los que estos se producen contra menores, descendientes o personas especialmente vulnerables que convivan con el autor, se echan de menos medidas legislativas específicas para la protección de menores maltratados, especialmente ahora que se plantean para otros colectivos también especialmente vulnerables como es el de las mujeres.

En un momento como este, en el que la violencia de género se ha convertido en uno de los protagonistas de la vida política y social, se echa de menos un planteamiento legislativo global que aborde la problemática de la violencia familiar de forma completa y que proteja también, al menos con la misma firmeza con la que se pretende proteger a las mujeres, a los niños, víctimas aún más vulnerables y dependientes y aún más desprotegidas frente a las agresiones procedentes de quienes están encargados de cuidarlos.

En este sentido se ha pronunciado, entre otros, Pedro Núñez Morgades, que, siendo Defensor del Menor de la Comunidad de Madrid, solicitó a los partidos políticos la elaboración de iniciativas, tanto legislativas como educativas, sanitarias y asistenciales, para erradicar y prevenir, de forma coordinada y global, cualquier tipo de violencia, ejercida sobre mujeres, niños o ancianos. Es cierto que la violencia contra las mujeres no se puede desligar generalmente de los malos tratos a los hijos, así lo afirma recientemente Save the Children en su informe *"Atención a niños y niñas víctimas de violencia de género"*[1], pero, además, éstos

---

[1] Save the children recoge en este informe cómo los niños y niñas son también víctimas de la violencia de género. Tanto víctimas directas de violencia física o psicológica, como víctimas indirectas, porque presencian violencia entre sus padres o simplemente porque viven en un entorno donde las relaciones violentas y el abuso de poder, que justifica, legitima y desencadena la violencia, es parte de las relaciones afectivas y personales,

son víctimas, en muchos casos, de acciones individualizadas contra su integridad, bien sea física o psicológica.

3. LA PROMOCIÓN DEL BUEN TRATO EN LAS RELACIONES PADRES-HIJOS

La erradicación del maltrato a los niños es el primer peldaño de una escalera que nos debe llevar a unas relaciones familiares basadas en el buen trato, pero no es el único. El maltrato no es una realidad dicotómica (si no hay maltrato hay buen trato o viceversa), sino un continuo, de manera que el buen trato precisa, además de la ausencia de maltrato, de la presencia o la ausencia, según el caso, de otros elementos.

En este sentido, la promoción del buen trato en las relaciones padres-hijos está, especialmente en los últimos tiempos, relacionada con la polémica que enfrenta a quienes consideran el castigo físico como una forma adecuada o al menos legítima de educar y, por tanto, de promover el bienestar de los menores, y quienes afirman que se trata de una forma de maltrato y reclaman desde organizaciones e instituciones diversas, tanto nacionales como internacionales, que nuestra legislación civil lo prohíba expresamente.

Para situarnos en esta discusión es preciso tener en cuenta que el castigo físico es una forma de corregir a los hijos que goza de cierta legitimación en nuestra sociedad. Como muestra de la aceptación social de la que disfruta podemos afirmar que el 40% de los niños expresa que sus padres tienen derecho a pegarles, mientras que el 47,2% de los adultos que conviven con hijos pensaba en 1997 que es imprescindible pegar "algunas veces", y el 2% que es imprescindible muchas veces (Juste, 1997)[2].

---

internalizando un modelo negativo de relación que daña su desarrollo. En él manifiesta también la necesidad de que sean reconocidos como tales víctimas, ya que, aunque la Ley Orgánica 1/2004, de medidas de protección integral contra la violencia de género, habla en su exposición de motivos de los efectos que este tipo de violencia tiene sobre los niños, no los reconoce víctimas de la misma, como tampoco lo hacen el resto de la normativa, los planes y los documentos técnicos sobre la violencia de género.

[2] Las mujeres muestran una aceptación mayor del castigo físico (un 43% respecto al 37% de los hombres). La variable de género, junto al nivel educativo (a mayor nivel educativo menor justificación del castigo: el 49% de los padres con estudios primarios aceptaban el castigo, mientras que sólo el 5% de los que tienen niveles de estudio superiores lo aceptaban), eran las dos variables que establecían diferencias significativas. Además, los adultos más jóvenes (18-29) justificaban menos el castigo físico (32.1%) que los adultos más mayores (30-60%). M. G. JUSTE (1997), citado en SAVE THE CHILDREN, b.

En 2004 un 25,6% de los padres consideraba necesario un bofetón a sus hijos de vez en cuando para imponer disciplina, mientras que un 63,7% consideraba que no. Y en cuanto a la necesidad de dar un azote a un niño, en general, el 2,9% considera que es necesario muchas veces, el 56% algunas veces, y el 40% nunca (CIS, 2004).

Con respecto a los niños, el 46% de ellos piensan que no hace falta pegar nunca a un niño para imponerle disciplina, el 41% alguna vez, y el 4% muchas veces (Save The Children, b).

En cuanto a los casos en los que efectivamente se utilizan castigos de este tipo, el único estudio de incidencia real de castigo realizado en España, llevado a cabo en 1998 en la Comunidad de Madrid, recoge que un 28,7% de los padres reconoce haber pegado a sus hijos en el último mes (a una media de 3 veces por mes) y un 2,7% confiesa haber dado golpes fuertes (Organización Panamericana para la Salud, 1999).

El castigo es una forma de corregir que presenta algunas diferencias importantes con el maltrato, ya que se define como "*el uso de la fuerza causando dolor, pero no heridas, con el objeto de modificar una conducta no deseada en el niño*" (Save the Children, c). Y que presenta dos notas distintivas importantes con respecto al mismo, la intensidad (y la existencia o no de lesiones derivadas de la violencia ejercida) y la intención (que es la de educar y no pretende ser gratuita). De manera que, entendiendo por violencia "*toda actitud o comportamiento físico o verbal, que tenga intención de dañar física o psicológicamente a las personas*" (Espinosa, Ocahita y Ortega, 2003), no podríamos considerar el castigo físico como una forma de ejercer violencia contra los niños, ya que en los casos en los que se aplica, la intención no es la de hacer daño sino, por el contrario, la de producir un bien, aunque después pueda generarse un daño físico o incluso educativo.

Siendo una de las diferencias fundamentales entre el maltrato y el castigo físico la finalidad educativa de este último, es necesario que nos detengamos brevemente a reflexionar sobre la misma.

3.1. ¿Es educativo el castigo físico?

Generalmente, la justificación que aportan los defensores del cachete está basada en la propia experiencia: sus padres usaron el castigo físico con ellos y consideran que su educación ha sido buena y que no sufren ningún tipo de secuelas emocionales por ello. Dejando a un lado el deseo de proteger una imagen positiva de los propios padres, entendemos que el hecho de que el castigo físico no sea especialmente traumatizante (lo cual es cierto cuando es moderado y esporádico) tampoco significa que sea educativo y, por tanto, útil o necesario.

En primer lugar es muy cuestionable que el castigo físico tenga un verdadero fin educativo cuando se produce, y es difícil que se utilice adecuadamente. Por lo general, el padre o la madre que pega lo hace cuando está más cansado o cuando se siente más dañado por la conducta del niño, no cuando ésta es más grave o perjudicial para él. En este sentido, el castigo tampoco es contingente con el comportamiento: no siempre que el niño hace X se sigue la consecuencia Y (que es la clave de un castigo efectivo), sino que depende casi siempre de las emociones del adulto. Siendo así, tampoco podemos asegurar que el castigo físico no se convierta en maltrato, porque como hemos indicado anteriormente, una de las claves es que tenga intención educativa y no de desahogo del adulto. Por otro lado, si tiene intención pero no consecuencias educativas, la intención queda hueca y se hace completamente innecesario.

Además, en su aplicación, el castigo llama a un aumento progresivo de intensidad. Un azote deja de tener efecto en un niño al que se le dan azotes con cierta frecuencia, por lo que para conseguir el efecto deseado será necesario aumentar la intensidad del castigo físico con un aumento progresivo del riesgo de maltrato.

En cuanto a sus consecuencias educativas, el castigo físico es capaz de evitar que se produzcan determinadas conductas en presencia de la autoridad pero no que se internalice la norma y se generalice a los contextos en los que no está la figura que castiga. Es decir, no fomenta el autocontrol sino el sometimiento al control externo, y enseña lo que NO hay que hacer pero no le da al niño una alternativa conductual, no le enseña lo que SÍ hay que hacer.

Tiene también la agravante de que enseña que la violencia es una salida legítima para la gestión de conflictos.

En un meta-análisis de distintos estudios sobre el maltrato físico en Estados Unidos, Gershoff (2002) concluye que los únicos efectos deseados que tiene la conducta del menor es la promoción de la obediencia inmediata a los padres, sin embargo encontró correlación con 11 comportamientos indeseados, entre los que destaca la mayor tendencia a convertirse en víctima de abuso (por la excesiva sumisión y la tolerancia a la agresión), y el aumento de la agresividad y de la ruptura de límites y normas. Una posible crítica a este estudio es que se incluyeron los efectos de castigos físicos más y menos violentos (azotes junto a patadas).

3.2. La reforma del artículo 154 del Código Civil

Quienes consideran todo castigo físico como una forma de maltrato que atenta contra la dignidad del niño, reclaman desde hace tiempo la reforma del artículo 154 del Código Civil, que faculta a los padres a corregir razonable y moderadamente a los hijos, y proponen una redacción alternativa en la que se recoja la prohibición expresa del castigo físico en nuestro ordenamiento jurídico.

Fundamentan su propuesta en la excesivamente vaga e indefinida redacción del último párrafo del ya mencionado artículo 154, que, a su juicio, abre la puerta a la admisión del castigo físico; y creen que es necesario aclarar en el texto legal que en ningún caso corregir puede significar hacer uso de este tipo de castigo o de cualquier otra forma de violencia[3].

De acuerdo con la reforma lleva pronunciándose desde hace tiempo el Comité de Derechos del Niño de las Naciones Unidas, que desde hace años viene expresando su preocupación por el texto del 154 (texto que recoge de forma errónea, mencionando que en él se hace referencia a que los padres tendrán respecto a los hijos *"la facultad de corregirlos y castigarlos moderadamente"*, cuando la palabra castigarlos no aparece en el texto legal). (Convención sobre los Derechos del Niño, 1994).

Considera que lo dispuesto en este precepto podría interpretarse permitiendo acciones contrarias al artículo 19 de la Convención, y ha recomendado en varias ocasiones su revisión a fin de ponerlo plenamente de acuerdo con lo dispuesto en el art. 19, en el que se afirma que:

> *"1. – Los Estados Partes adoptarán todas las medidas legislativas, administrativas, sociales y educativas apropiadas para proteger al niño contra toda forma de perjuicio o abuso físico o mental, descuido o trato negligente, malos tratos o explotación, incluido el abuso sexual, mientras el niño se encuentre bajo la custodia de los padres, de un representante legal o de cualquier otra persona que lo tenga a su cargo. 2. – Estas medidas de protección deberían comprender, según corresponda, procedimientos eficaces para el es-*

---

[3] Artículo 154 Código Civil: *"Los hijos no emancipados están bajo la potestad de sus progenitores. La patria potestad se ejercerá siempre en beneficio de los hijos, de acuerdo con su personalidad, y comprende los siguientes deberes y facultades: 1. Velar por ellos, tenerlos en su compañía, alimentarlos, educarlos y procurarles una formación integral. 2. Representarlos y administrar sus bienes. Si los hijos tuvieren suficiente juicio deberán ser oídos siempre antes de tomar decisiones que les afecten. Los padres podrán en el ejercicio de su potestad recabar el auxilio de la autoridad. Podrán también corregir razonable y moderadamente a los hijos"*.

tablecimiento de programas sociales con el objeto de proporcionar la asisten-
cia necesaria al niño y quienes cuidan de él, así como para otras formas de
prevención y para la identificación, notificación, remisión a una institu-
ción, investigación, tratamiento y observación ulterior de los casos antes
descritos de malos tratos al niño y, según corresponda, la intervención ju-
dicial" (Convención sobre los Derechos del Niño, 1994).

En este sentido se han manifestado también más recientemente organizaciones como Save the Children e instituciones como el Defensor
del Menor de la Comunidad de Madrid, que han propuesto como redacción posible para este artículo la siguiente: *"los padres podrán corregir*
razonable y moderadamente a los hijos pero nunca mediante el empleo del cas-
tigo físico o de cualquier otro trato que comporte menoscabo de la integridad
y dignidad personal" (Revista Consumer).

La modificación de la ley española con respecto a este tema era una
cuestión que el Gobierno tenía pendiente desde el año 2004, en que la
Secretaria de Estado de Servicios Sociales, Familias y Discapacidad,
Amparo Valcarce, anunció que el Ministerio de Justicia estaba trabajan-
do ya en una nueva modificación del Código Civil para que el ejercicio
de la patria potestad se lleve a cabo *"con pleno derecho de la dignidad e in-*
tegridad de los hijos, sin que en ningún caso se les pueda imponer castigos físi-
cos o humillantes o que atenten contra sus derechos fundamentales" (Consejo
de la Abogacía Española).

Finalmente, y después de varios años desde este anuncio, la reforma
del artículo 154 ha quedado recogida en el apartado cinco de la Disposición Adicional Primera del Proyecto de Ley de Adopción Internacional, remitido por el Consejo de Ministros a las Cortes Generales para su
tramitación urgente en junio de 2007.

La nueva redacción del artículo, tal y como ha sido propuesta por el
Gobierno, no recoge una prohibición de castigar físicamente a los niños,
sino que, directamente, elimina del texto el reconocimiento de la posibilidad de que los padres corrijan razonable y moderadamente a los hijos,
y menciona que la patria potestad debe ejercerse, además de en beneficio de los hijos y de acuerdo con su personalidad, respetando su integridad física y psicológica[4].

---

[4] La redacción del art. 154 quedaría, según lo recogido en el Proyecto de Ley de la siguiente forma: *"Los hijos emancipados están bajo la potestad de los padres. La patria potestad*
se ejercerá siempre en beneficio de los hijos, de acuerdo con su personalidad, y con respeto a su in-
tegridad física y psicológica. Esta potestad comprende los siguientes deberes y facultades: 1. velar

La tramitación parlamentaria de esta Ley puede traer modificaciones al texto que se presenta en el Proyecto, y habrá que esperar algún tiempo para conocer su contenido final, pero tal y como está redactado en este momento, es preciso comentar dos cuestiones principalmente:

- **En primer lugar, la eliminación de la mención a la posibilidad de que los padres corrijan razonable y moderadamente a sus hijos.** La redacción actual del 154 no menciona expresamente el castigo, y tampoco la violencia física, trata únicamente de la posibilidad de corregir razonable y moderadamente a los hijos (posibilidad que, en estos tiempos en los que los niños crecen con frecuencia sin límites, debería más bien constituir un deber de los padres), y la interpretación que hace en los últimos tiempos la jurisprudencia de esta facultad correctora es poco tolerante con el daño físico a los hijos. Son muchas las sentencias que no justifican la violencia física hacia los niños y adolescentes en el texto del 154, que actualmente no sirve de escudo para las agresiones, ya que los jueces niegan con frecuencia la finalidad correctora de la medida, la proporción de la misma y el uso de la violencia física como forma de corregir y educar.

En este sentido podemos citar, como ejemplo, la Sentencia de la Audiencia Provincial de Madrid núm. 284/2001, de 23 de julio, en la que el Tribunal afirma que la violencia física, de ninguna clase y en ningún grado, no parece método pedagógico, ni razonable, ni moderado, de conseguir que un niño de dos años aprenda a tomar el alimento que necesita. Manifiesta, además, que no se desconoce que todavía en amplios sectores sociales sigue vigente la idea de que un cachete a tiempo produce saludables efectos educativos, pero que semejantes métodos educativos deben considerarse contrarios a las exigencias de respeto a la dignidad de la persona como se desprende de la Convención de Naciones Unidas sobre Derechos del Niño (JUR 2001\310182).

Sobre esta cuestión se pronuncia también la Sentencia de la Audiencia Provincial de Guadalajara núm. 94/2001, de 18 de

---

por ellos, tenerlos en su compañía, alimentarlos, educarlos y procurarles una formación integral. 2. Representarlos y administrar sus bienes. Si los hijos tuvieren suficiente juicio deberán ser oídos siempre antes de adoptar decisiones que les afecten. Los padres podrán, en el ejercicio de su potestad, recabar el auxilio de la Autoridad". MINISTERIO DE JUSTICIA, Proyecto de Ley de Ley de Adopción Internacional. Disposición adicional primera, apartado 5.

septiembre. En ella se recoge que un azote en el costado que provoca contusión corroborada por parte médico sobrepasa la facultad de corregir razonable y moderadamente. Se menciona, además, que tal actuación no tenía fin educativo ni quería corregir una conducta inadecuada del niño, sino que el padre se limitó a descargar sus nervios con el niño, porque éste, vencido por el sueño, se negaba a cenar a altas horas de la noche (JUR 2001\291600).

Por último, tanto la Sentencia de la Audiencia Provincial de Barcelona núm. 1022/2004, de 26 de noviembre, como la Sentencia de la Audiencia Provincial de Gerona núm. 182/2005, de 15 de febrero, recogen que la corrección razonable y moderada a la que habilita el artículo 154 del Código Civil *"excluye el uso de violencia física con un menor"* (JUR 2005\32266), y *"en modo alguno puede comprender el que se les inflija castigos corporales que constituyan verdaderos actos de agresión física"* (JUR 2005\101147).

En este contexto, con una redacción que no menciona expresamente la posibilidad de castigar, y menos la de hacerlo físicamente, y añadida ya la necesidad de respetar la integridad física y psicológica del niño en el ejercicio de la patria potestad, parece que la eliminación de la mención a la posibilidad de corregir razonable y moderadamente, lejos de aportar algún beneficio con respecto a la redacción en vigor, podría constituir incluso una importante pérdida en este momento en el que, como ya hemos mencionado, no sería malo que la necesidad de corregir y poner límites a los hijos estuvieran presentes.

- **En segundo lugar no se incluye, tal y como se venía pidiendo desde diversos ámbitos, una prohibición del uso del castigo físico. Eso sí, se añade a la manera en que debe ejercerse la patria potestad la mención al respeto a la integridad física y psicológica del menor.**

Con respecto a esta cuestión, cabe preguntarse si una posible prohibición legal del castigo físico, vigente ya en otros países europeos como Suecia, Finlandia, Irlanda, Dinamarca, Chipre, Letonia, Austria o Noruega (Save The Children, c), es realmente una forma eficaz de promover el buen trato en las relaciones padres-hijos.

En primer lugar, parece altamente complicado promover el buen trato a partir de una legislación prohibitiva. Este tipo de prohibiciones, como ocurre con las sanciones penales, pueden contribuir a evitar el maltrato, pero ya hemos mencionado que la ausencia de maltrato no equivale a la presencia de buen trato, y la existencia de este último es difícil de lograr a través de una prohibición como esta.

Además, eliminando de la ley la facultad de corregir razonable y moderadamente a los hijos, sólo se consigue crear una sociedad políticamente correcta frente al hecho del castigo, pero no se aumenta su capacidad de educar. Es importante que se mencione la obligación de corregir, y es imprescindible, antes de prohibir y sancionar social y legalmente los recursos de los que dispone la familia y estigmatizarla, educarla y capacitarla para corregir y poner límites de otra forma. La negligencia es peor maltrato que un azote y, aun siendo deseable la erradicación de cualquier tipo de castigo físico, corremos el peligro de, frente a unas familias con un creciente descenso de apoyo social y mayor despiste educativo, generar mayor estrés y, con ello, el surgimiento de respuestas laxas y negligentes incluso más violentas. El que más desprovisto de recursos se vive, siempre es el que más pega y el que pega más fuerte.

Conviene mencionar también que desde la psicología se resta importancia al cachete o al castigo en sí mismo y se valora sobre todo lo que lo rodea: la frecuencia, la situación, la actitud de los padres, el diálogo posterior, el que se trate de una medida educativa pensada y no en un arrebato de un padre cansado o desbordado...

"Si el niño detecta coherencia, cariño, justicia, mesura; si luego hay un período de reflexión, de calma, de explicación de por qué ha pasado lo que ha pasado, y de reconciliación (nunca dejar de hablar después de un episodio, nunca dejar los abrazos y cariños...); si se habla sobre cómo intentar que no vuelva a pasar, todo eso minimiza los posibles efectos negativos de un cachete porque, en ocasiones, (y en palabras de algunos psicólogos expertos en la materia) un azote en el culo, una colleja, si cumplen todos estos requisitos, no tiene por qué ser inadecuado" (Bonet, 2005).

Parece claro, además, que la utilización del castigo físico está relacionada con la falta de recursos educativos de los padres, con la banalización y la interiorización de la violencia, con la frustración de los adultos ante situaciones para las que no se han preparado suficientemente. De manera que para poder eliminarlo es imprescindible formar a la población en la necesidad de educar, en la obligación de corregir a los hijos por su bien y su adecuado desarrollo, y en los modos más eficaces y respetuosos de hacerlo.

Con esto no queremos hacer un alegato a favor del castigo físico, más bien al contrario, entendemos que, para su necesaria eliminación, la prohibición legal debe ir acompañada de importantes recursos educativos y culturales, ya que, de otro modo, tal prohibición podría ser no sólo baldía sino incluso contraproducente.

Independientemente de que además se decida o no prohibir el castigo físico expresamente, el instrumento realmente eficaz para promover el buen trato en las relaciones padres-hijos es dotar a los padres de recursos y herramientas adecuados y eficaces que les permitan prescindir de aquellos que pueden llevar a provocar mayores daños.

En este sentido, y como ejemplo de las posibles acciones a emprender, resultaría útil incluir dentro del currículum pediátrico de los niños de cero a tres y de tres a seis años, la evaluación del desarrollo infantil y de la relación paterno-filial, así como la promoción de tratamientos y "cursos" de buen trato en los casos en los que resultara necesario (Cerezo, Dolz, Pons-Salvador y Cantero, 1999). Una atención de este tipo en estos años puede ser fundamental, ya que las peores formas de maltrato se gestan en el primer año de vida del niño.

Resultaría también de gran utilidad la existencia de un sistema de acompañamiento educativo gestionado en paralelo o bien al de asistencia sanitaria o bien al sistema escolar, de manera que los padres pudieran contar con un apoyo cercano en alguno de los ámbitos en los que se desenvuelve la vida cotidiana de su hijo, de modo que no tengan que acudir a recursos que pueden resultarles lejanos o desconocidos. En este sentido, podría plantearse la creación de centros de asesoramiento familiar en colegios y centros de salud, que pasaran a formar parte del grupo de recursos que se utilizan habitualmente durante el período de crianza y educación de los hijos, a los que pudieran ser derivados los padres, por el pediatra o el tutor del niño, en el caso de detectarse escasez de recursos educativos o prácticas inadecuadas de crianza.

En definitiva, la promoción del buen trato en las relaciones padres-hijos pasa por la eliminación del maltrato como primera medida y en la posterior formación y apoyo a los padres en su tarea educativa, de forma que se les pueda dotar de herramientas e instrumentos que les permitan educar a sus hijos de la mejor forma posible, evitando así de una forma razonada, explicada y natural, el uso de los medios que pueden causales mayores daños, tanto físicos como psicológicos.

Entregado el texto de este capítulo para su publicación, ha sido aprobada y publicada la ley 54/2007, de 28 de diciembre, de adopción internacional, cuya disposición adicional quinta recoge la reforma del art. 154 del Código Civil aquí comentada.

4. Bibliografía

Arruabarrena, M. I.; De Paúl, J.; Torres, B. (1996), *El maltrato infantil. Detección, notificación, investigación y evaluación, Cuaderno 1: Definición y manifestaciones, indicadores.* Madrid: Ministerio de Trabajo y Asuntos Sociales, pp.6-7.

Bonet, T., "Cachete, la peor solución", en *El País*, 27 de octubre de 2005.

Centro Reina Socífa para el estudio de la Violencia (2002), *Maltrato Infantil en la familia (1997/1998).* Valencia: Generalitat Valenciana.

Centro Reina Socífa para el estudio de la Violencia, Menores víctimas de violencia en el ámbito familiar, http://www.centroreinasofia.es/paneldecontrol/est/pdf/EST009-3270.pdf Fecha de consulta: 10 de diciembre 2007.

Cerezo, M. A.; Dolz, L.; Pons-Salvador, G. y Cantero, M. J. (1999), "Prevención del maltrato a infantes: evaluación del impacto de un programa en el desarrollo de los niños". *Anales de Psicología*, 15, 2, 239-250.

CIS (2004), *Opiniones y actitudes sobre la familia*, Estudio 2.578, Octubre-Noviembre 2004.

Consejo de la Abogacía Española (2004), *El Gobierno prohibirá por ley que los padres puedan infligir castigos físicos o humillantes a sus hijos*, http://www2.cgae.es/es/contenidos/contenido.asp?iddoc=8624 Fecha de consulta: 27 de octubre 2005.

Convención sobre los Derechos del Niño (1994), Observaciones finales del Comité de los Derechos del Niño: Spain 24/10/94. CRC/C/15/Add, 28. (Concluding Observations/Comments), p.2.

Espinosa, M. A.; Ochaíta, E. y Ortega, I. (2003), *Manual formativo sobre promoción de la no violencia entre niños, niñas y adolescentes. TOMO I.* Madrid: Plataforma de Organizaciones de Infancia.

Gershoff, E. (2002), "Corporal Punishment by Parents and Associated Child Behaviors and Experiences: A Meta-Analytic and Theoretical Review", en *Psychological Bulletin*, 128 (4), 539-580.

Ingles, A. et al. (2000), "El matractament d'infants a Catalunya. Quants, com i perqué. Departamento de Justicia" en *Col. Justicia i Societat*, 22. Generalitat de Catalunya.

Jiménez, J.; Oliva, A. y Saldaña, D. (1996), *El maltrato y la protección a la Infancia en España*, Madrid: Ministerio de Trabajo y Asuntos Sociales.

Locke, J. (1986), *Pensamientos sobre educación*, Tres Cantos: Akal, p.164, (Or. 1692).

MARTÍNEZ ROIG, A., y PAUL OCHOTORENA, J. (1993), "Factores de riesgo para el maltrato y abandono infantil". En A. MARTÍNEZ ROIG y J. DE PAÚL OCHOTORENA (eds.) (1993), Maltrato y abandono en la infancia, Barcelona: Martínez Roca, pp.34-62.

MINISTERIO DE JUSTICIA (2007), Proyecto de Ley de Ley de Adopción Internacional. Disposición adicional primera apartado 5.

ORGANIZACIÓN PANAMERICANA PARA LA SALUD (1999), "Proyecto ACTIVA: actitudes y normas culturales frente a la violencia en ciudades seleccionadas de América Latina y España", en Revista Panamericana de Salud Pública, 5 (4/5).

PRODENI, Informe sobre abuso sexual y maltrato infantil, http://www.prodeni.org/Informes/abuso_sexual_y_maltrato_infantil.htm Fecha de consulta: 10 de diciembre 2007.

REVISTA CONSUMER (2005), Save the Children y el Defensor del Menor en Madrid solicitan que el castigo físico a los niños se prohíba por ley, http://www.consumer.es/web/es/economia_domestica/2005/09/14/145287.php Fecha de consulta: 27 de octubre 2005.

SAVE THE CHILDREN, a; Atención a niños y niñas víctimas de violencia de género, http://www.savethechildren.es/interior.asp?IdItem=1166 Fecha de consulta: 10 de diciembre 2007.

— b; Castigo físico y psicológico en España. Incidencia, voces de los niños y niñas y situación legal. p. 5. www.savethechildren.es Fecha de consulta: 10 de diciembre de 2007

— c; Educa, no pegues: Campaña para la sensibilización contra el castigo físico en la familia, www.savethechildren.es Fecha de consulta: 10 de diciembre 2007.

UNICEF (2003), "A league table of child maltreatment deaths in Rich Nations", en Innocenti Report Card, 5, September, p.8.

CAPÍTULO IV

MALOS TRATOS FAMILIARES HACIA LAS PERSONAS MAYORES. FACTORES DE RIESGO Y ESTRATEGIAS PARA LA INTERVENCIÓN

Rosario Paniagua Fernández
Rosalía Mota López
Departamento de Sociología y Trabajo Social
Facultad de Ciencias Humanas y Sociales
Universidad Pontificia Comillas de Madrid

"Estamos aquí tras haber oído el grito de las víctimas desde
el que nos están pidiendo que hay que "hacer" y "decir algo"
de una realidad que no puede seguir siendo silenciada".
(Ruth Teubal)

1. LA VIOLENCIA HACIA LAS PERSONAS MAYORES: ALGUNAS PECULIA-
   RIDADES[1]

Como expresaban Blanca Gómez y Ana Berástegui en el capítulo anterior, nos encontramos ante la punta de un gran iceberg[2]. Las situa-

---

[1] Se acepta la definición demográfica de persona mayor como aquella persona de 65 años y más, puesto que no es objeto de este texto poner en cuestión las consecuencias reduccionistas que tiene esta construcción cronológica y laboralista de la categoría de persona mayor (nótese que la acotación del umbral de edad coincide con la edad obligatoria de jubilación en gran parte de los países desarrollados).

[2] Entre 5 y 7 de cada 8 casos no se detectan. En A. MOYA y J. BARBERO, coords. (2005), *Malos tratos a personas mayores. Guía de Actuación*. Madrid: IMSERSO, p. 13. Disponible en http://www.imsersomayores.csic.es/dcumentos/documentos/imserso-malostratos-01.pdf. Fecha de consulta: 10 de diciembre de 2007.

ciones de malos tratos hacia las personas mayores son más invisibles socialmente que la violencia hacia otros colectivos. Esta violencia cursa de manera invisible y silenciosa. Mientras que el 74% de la población piensa que los malos tratos hacia la pareja son muy o bastante frecuentes, y el 60% lo declara así en relación a los niños, sólo cuatro de cada 10 españoles piensa que la violencia hacia las personas mayores en el ámbito familiar está extendida[3]. Esta invisibilidad y carácter privado no hace más que dificultar la detección, la intervención y el seguimiento. Se pierde de vista así la dimensión social de largo alcance, y que sin duda requeriría de actuaciones más amplias y comprometidas por parte de los poderes públicos y con el concurso de toda la ciudadanía. ¿Cuáles son barreras para su visibilización?[4]:

- El no-reconocimiento de los malos tratos por parte de las propias personas mayores, que callan por el temor a verse obligados a salir de casa, por habituación y normalización de las situaciones de malos tratos y por querer preservar el hogar y la "armonía" familiar. La nostalgia del hogar como un entorno de amor y apoyo, y la existencia de una relación afectiva con la persona responsable de los malos tratos lleva a los mayores a minimizar, incluso a ocultar, situaciones de violencia, y a culparse a sí mismas por el reconocimiento de "fallos en la crianza", representados por hijos violentos (Teubal, 2001). Esta concepción idealizada de la familia también dificulta el reconocimiento de la existencia de conflictos por parte de la persona responsable de los malos tratos, que vive la situación como fracaso y desde el aislamiento y el sentimiento de que su caso es único.

- El maltrato de personas mayores cuando se da dentro del hogar (denominada violencia intramuros) cursa con escasas relaciones vecinales en muchos casos (el mayor no va a la escuela o al trabajo, lugares en los que se pueden detectar síntomas que pongan en pista). Además, el imaginario social sobre la privacidad de los asuntos familiares moldea actitudes de reticencia y ambivalencia

---

[3] Datos extraídos del Barómetro de marzo de 2001 del Centro de Investigaciones Sociológicas de Marzo (Estudio 2411, pregunta 10). Los resultados están disponibles en www.cis.es. Fecha de consulta: 10 de febrero 2006.

[4] Para un análisis más exhaustivo y analítico de la invisibilidad de la violencia familiar véase E. GARCÍA (2002), "Visibilidad y tolerancia de la violencia familiar", *Intervención Psicosocial*, vol. 11, n° 2, pp. 201-211.

para denunciar malos tratos por parte de los profesionales y de los "observadores" en los entornos comunitarios. Incluso las personas mayores en muchas ocasiones no cuentan la situación por la que están pasando por la creencia de que la "ropa se lava en casa".

- En situaciones de dependencia las dificultades cognitivas y comunicativas hacen más difícil que perciban y puedan expresar lo que está ocurriendo. Además, existen señales físicas y psíquicas de violencia en mayores que se pueden solapar con lesiones frecuentes en personas de edad como caídas reiteradas, depresión senil, etc. En no pocas ocasiones los profesionales que les atienden carecen de la formación o el entrenamiento adecuado para identificar los indicadores de malos tratos, o conocer los procedimientos precisos a la hora de informar de un posible caso y los recursos disponibles para conseguir ayuda.

- Los casos de maltrato directo suelen ser la excepción. En general lo que se da es una situación mucho más confusa, en la que los actos de acción y omisión se entremezclan y en la que los propios ancianos pueden estar en parte involucrados en la generación de las situaciones de violencia. Las situaciones más frecuentes son de negligencia.

- Insuficiente información o sensibilización social sobre la existencia de malos tratos a personas de edad, claramente relacionada con la influencia de actitudes edadistas que serán tratadas posteriormente.

Es cierto que la creciente sensibilización respecto de los derechos de los hombres y mujeres de edad ha llevado a considerar los malos tratos hacia los mayores como una cuestión vinculada al respeto a los derechos humanos y a la salud (Naciones Unidas, 2002). Los malos tratos hacia las personas mayores deben ser considerados como un indicador de la falta de desarrollo de una sociedad en cuanto atentan contra los derechos y libertades fundamentales de una persona, y no como manifestación de determinadas patologías personales o familiares[5]. Sin embargo,

---

[5] Los Principios de las Naciones Unidas a favor de las personas de edad definieron en 1991 los derechos de dignidad, cuidados, autorrealización, independencia y participación. En varias conferencias y cumbres de las Naciones Unidas también se han aprobado compromisos respecto a la promoción de los derechos de las personas de edad, entre

son aún evidentes las limitaciones respecto a la existencia de definiciones claras y extrapolables de un contexto a otro, de datos fiables, de metodologías de investigación y de políticas específicas de atención a ancianos víctimas de malos tratos.

Son muchos los términos utilizados para definir las situaciones de violencia hacia las personas mayores: maltrato, abuso, negligencia, abandono, etc. Esta dispersión de significantes proviene de la dificultad y falta de consenso para definir los malos tratos a personas mayores, entre otras razones, por las diferentes creencias sobre qué debe considerarse maltrato y por la falta de consulta a las propias personas mayores[6].

Citamos a continuación tres conceptualizaciones que en nuestra opinión dotan de identidad a las situaciones de malos tratos a personas mayores:

- "Cualquier acto u omisión que produzca daño, intencionado o no, practicado sobre personas de 65 y más años, que ocurra en el medio familiar, comunitario o institucional, que vulnere o ponga en peligro la integridad física, psíquica, así como el principio de autonomía o el resto de los derechos fundamentales del individuo, constatable objetivamente o percibido subjetivamente" ("Declaración de Almería sobre el Anciano Maltratado" en Kessel, Marín y Maturana, 1996, p. 1).

---

ellos, el Programa de Acción de la Cumbre Mundial para el Desarrollo Social de 1995 y la Declaración del Milenio aprobada en la Cumbre del Milenio de Naciones Unidas de 2002. En el ámbito nacional la Sociedad Española de Geriatría y Gerontología (en adelante SEGG) elaboró en 2002 el Decálogo de las Personas Mayores, disponible en www.imsersomayores.csic.es/documentos/documentos/segg-decalogo-01.rtf. Fecha de consulta: 5 de octubre de 2007. Más recientemente hay que destacar la Declaración del Día Mundial contra el Maltrato y Abuso a las Personas Mayores, celebrado por primera vez el 15 de junio de 2006, y realizada conjuntamente por la Confederación Española de Organizaciones de Mayores (CEOMA) y el Centro Reina Sofía para el Estudio de la Violencia.

[6] Una exhaustiva revisión tanto de la diversidad conceptual de la definición del maltrato a personas mayores, como de las tipologías existentes, puede encontrarse en los trabajos de G. PÉREZ (2004a), "Dificultades para definir el maltrato a las personas mayores". *Informes Portal Mayores*, nº 16. Madrid: Portal Mayores, y (2004b), "Tipos de maltrato y/o negligencia hacia personas mayores". Estos *Informes Portal Mayores*, nº 15. Madrid: Portal Mayores. Estos documentos están disponibles en www.imsersomayores.csic.es/documentos/ documentos/perez-dificultades-01.pdf. Fecha de consulta: 5 de diciembre de 2007 y www.imsersomayores.csic.es/documentos/documentos/perez-tipos-01.pdf. Fecha de consulta: 5 de diciembre de 2007.

- "Acción única o repetida, o falta de la respuesta apropiada, que ocurre dentro de cualquier relación dónde existe una expectativa de confianza, que causa daño o angustia a una persona mayor. Puede ser de varias formas: físico, psicológico/emocional, sexual, financiero, o simplemente reflejar un acto de negligencia intencional o por omisión" (Organización Mundial de la Salud, 2002, p. 3)[7].

- Ruth Teubal identifica como malos tratos a personas mayores cualquier tipo de conducta abusiva de la persona más fuerte a aquella más débil. Para ella, el vínculo abusivo va siempre asociado a un desequilibrio de poder, construido culturalmente e interiorizado por los perpetradores y las víctimas (Teubal, 2001).

Resumimos ahora las otras consideraciones destacables en los intentos de alcanzar una conceptualización clara, precisa y compartida de los malos tratos hacia las personas mayores:

- Las situaciones de malos tratos se producen tanto por comisión de actos que perjudican el bienestar de las personas (a los que se reserva el significante de maltrato) como por rechazo u omisión en la atención de las necesidades de cuidado de una persona mayor (negligencia). Así pues la intencionalidad es una condición suficiente pero no necesaria. Es decir, puede existir intencionalidad o no.

- Conviene reconocer que las conductas negligentes pueden tener diferentes orígenes. Una persona cuidadora puede no atender las necesidades de una persona de edad por falta de formación o información (no sabe hacerlo mejor), o por falta de apoyos y recursos para afrontar situaciones de dependencia y agotamiento de las personas cuidadoras (no puede hacerlo mejor), pero también por falta de interés y voluntad para desempeñar mejor su tarea de cuidados (no quiere hacerlo mejor) (Bermejo, 2004). La distinción entre la combinación de circunstancias que concurren en situaciones de negligencia pasiva (las dos primeras antes mencionadas) y negligencia activa, es fundamental para diseñar modelos de prevención, detección e intervención, puesto que en la mayor parte de las situaciones de malos tratos a personas mayores están

---

[7] Esta definición ha sido adoptada por la Red Internacional para la Prevención del Maltrato a Personas Mayores (INPEA).

implicadas conductas negligentes de las personas que tienen la responsabilidad de su cuidado, y que incurren en ellas sin intencionalidad alguna[8].

- El principio ético afectado fundamentalmente en los malos tratos a personas mayores es el de no-maleficencia, lo que supone no hacer daño al anciano y evitarle todo mal posible (Moya y Barbero, 2003). Sin embargo, aceptar que los malos tratos también suceden cuando no se tienen en cuenta los principios éticos, significa incluir dentro de estos principios, los de autonomía y justicia (García Férez, 2003). Praxis profesionales que consideran una pérdida de tiempo informar a la persona mayor cuando su capacidad de comprensión está ralentizada o tiene problemas de audición, que hablan e informan directamente a los familiares sin contar con la persona de edad e incluso obviando su presencia, o que deciden intervenir ante la sospecha de malos tratos sin contar con el consentimiento de la persona mayor, no respetan el principio de autonomía. Por su parte, respetar el principio de justicia significa aplicar políticas y prestar servicios sin discriminar a las personas por ninguna causa que tenga que ver con su edad. En suma, no vulnerar el principio de igualdad de oportunidades[9]. Por ejemplo, el criterio edad no puede ser un criterio llave en la asignación de prestaciones sanitarias e intervenciones biomédicas, excluyendo a las personas de edad avanzada de intervenciones quirúrgicas o tratamientos médicos según criterios de coste/beneficio o calidad de vida esperada (Ribera, 1995, Gafo, 1999). Tampoco son políticas que respetan el principio de justicia cuando no existen recursos de intervención en crisis (como pisos de

---

[8] La distinción entre negligencia activa y negligencia pasiva puede encontrarse en G. PÉREZ, (2004b) p. 4.

[9] La Organización Mundial de la Salud habla de "maltrato infligido por los sistemas" (ORGANIZACIÓN PANAMERICANA DE LA SALUD, 2002). Las personas mayores españolas enfatizan dentro de esta tipología de malos tratos la falta de dispositivos sanitarios para la atención geriátrica especializada, que no se les preste atención en los servicios sanitarios o las residencias con normas rígidas que producen despersonalización (IMSERSO, 2004). Antes del estudio del IMSERSO, la OMS e INPEA realizaron un trabajo de investigación-acción con personas mayores sobre los malos tratos cuyos resultados pueden verse en OMS, "Voces ausentes. Opiniones de personas mayores sobre abuso y maltrato al mayor", Ginebra: Organización Mundial de la Salud (www.imsersomayores.csic.es/documentos/documentos/bennet-voces-01.pdf). Fecha de consulta: 5 de diciembre de 2007.

acogida) y los mayores en situación de carencia permanente de atención suelen acabar en largas estancias en hospitales de agudos, o cuando se recortan prestaciones de ayuda domiciliaria y ayudas económicas para adaptación de viviendas cuando se ha agotado el presupuesto antes de finalizar el año.

• Pueden proporcionarse en el ámbito familiar, comunitario e institucional. En concreto este capítulo se centra fundamentalmente en los malos tratos a las personas mayores que se producen en el ámbito familiar o más cercano a ellos, puesto que es en este contexto donde la prevalencia es más alta[10]. Un ámbito de malos tratos a las personas mayores sobre el que puede haber más condescendencia es el maltrato mediático. Este ocurre cuando en los medios de comunicación se trata a los mayores de forma poco o nada respetuosa, ofreciendo de ellos una imagen distorsionada como personas inútiles, incultas, infantiles, malhumoradas, o exponiéndolos en programas de humor como claros objetos de burla.

• Las situaciones de malos tratos se producen en el seno de una relación interpersonal dónde existe una expectativa de confianza que funciona mal. La clave de las situaciones de riesgo para los malos tratos hacia las personas mayores hay que situarla por tanto en la variable relacional, fundamental para la prevención, detección e intervención, tal y como expondremos más adelante en este capítulo.

2. LOS DATOS SOBRE LOS MALOS TRATOS HACIA PERSONAS MAYORES

Antes de analizar los factores de riesgo que concurren en las situaciones de malos tratos a las personas mayores, y aún con las dificultades de cuantificación del problema, traemos algunos datos sobre prevalencia e incidencia y perfiles de persona responsable del maltrato y víctima. Según el Centro Reina Sofía para el Estudio de la Violencia, y utilizando

---

[10] La prevalencia es la proporción de individuos de una población (en este caso personas de 65 años y más) que presentan un evento en un momento o período de tiempo. Es un indicador estático que se refiere a un momento dado e indica la carga del evento que soporta la población. Por su parte, la incidencia refleja el número de casos nuevos en un período de tiempo; es un índice dinámico que requiere seguimiento en el tiempo de la población objeto de estudio.

datos del año 2003, se contabilizaron 4.103 personas de 65 años y en adelante maltratados en el ámbito familiar[11]. En términos relativos, estamos hablando de una tasa de prevalencia del seis por diez mil (es decir, seis de cada 10.000 personas de 65 años y más son víctimas de malos tratos). 60 de cada 100 mayores maltratados son mujeres, y dos de cada tres personas víctimas son mujeres con más de 75 años. La mitad de las personas de 65 y más años maltratadas lo son por sus hijos (52%), y un cuarto son maltratados por su pareja (26%). La incidencia de ancianos maltratados en la familia ha crecido en un 82%, siendo mayor este crecimiento en los hombres (94% frente a 76%).

Las características de las personas responsables de malos tratos se podrían resumir de la siguiente manera: varón, de parentesco cercano con la víctima (hijos biológicos o políticos), con adicciones a drogas, alcohol o juego, y que dependen económicamente del mayor[12]. El perfil de la persona mayor maltratada se corresponde con el de mujer, viuda, de más de 75 años, con alguna enfermedad grave crónica o progresiva que le ocasiona un grado de dependencia para las actividades básicas de la vida diaria, y aislada socialmente, es decir, muy dependiente de la persona cuidadora para la atención a sus necesidades. Por último, citar que la negligencia en el cuidado físico y psicoafectivo y el maltrato psicológico y emocional son los de mayor incidencia.

---

[11] Los datos que se ofrecen en este apartado han sido tomados de www.centroreinasofia.es/paneldecontrol/est/pdf/EST010-3262.pdf. Fecha de consulta: 17 de diciembre de 2007. La fuente tomada por el Centro Reina Sofía es el Ministerio del Interior. Esta fuente ofrece datos del Cuerpo Nacional de Policía y de la Guardia Civil, pero no de la Policía Autónoma Vasca ni de Mossos d'Esquadra. Incluye delitos contra la libertad e indemnidad sexual, calumnias, amenazas y los delitos de homicidio y asesinato. Recoge no sólo agresiones físicas, sino también de carácter psicológico.

[12] En España los trabajos empíricos más relevantes sobre maltrato y negligencia en el ámbito familiar a personas de 65 años y más son M. LÁZARO DEL NOGAL (1995), C. VALDIVIELSO y M. C. CABELLOS (2000), M. T. BAZO (2001), A. RUÍZ SANMARTÍN et al. (2001), y M. TABUEÑA (2004). Una revisión comparada de los datos existentes sobre prevalencia, incidencia y perfiles tanto en la familia como en las instituciones puede encontrarse en F. GLENDENNING (2000). Actualmente el Centro Reina Sofía para el Estudio de la Violencia desarrolla un proyecto de investigación en el que se analizan por primera vez a escala nacional los malos tratos a personas mayores.

3. FACTORES DE RIESGO EN LOS MALOS TRATOS: LA IMPORTANCIA DE LAS RELACIONES INTERPERSONALES EN LA PREVENCIÓN DE LA VIOLENCIA

Son diversos los modelos teóricos que pretender explicar el fenómeno de la violencia hacia las personas mayores[13]. Ninguno de ellos por si solo ofrece una explicación completa sobre el fenómeno. Un factor de riesgo como puede ser el estrés de la persona cuidadora (más adelante se discutirá esta cuestión), es a menudo tratado como si fuera la explicación teórica más relevante. Por ello consideramos imprescindible afrontar el análisis de los factores de riesgo desde una perspectiva ecológica y dinámica (Schiamber y Gans, 1999; Carp, 2000).

Ello supone en primer lugar reconocer que las situaciones de violencia hacia las personas mayores son multifactoriales. Los factores que aumentan el riesgo de cometer o padecer actos violentos pueden ser clasificados en cuatro niveles o anillos: a) factores biológicos y de la historia personal que influyen en el comportamiento del individuo; b) las relaciones más cercanas, como las mantenidas con la pareja, la familia y los amigos; c) los contextos comunitarios en los que se desarrollan las relaciones sociales; y por último d) factores de carácter general relativos a la estructura y cultura de la sociedad. Estos anillos se solapan, es decir, los factores de cada nivel refuerzan o modifican los de los otros. Una última premisa que se tiene que tener presente es que los malos tratos hacia las personas mayores recorren un ciclo vital: "...partiendo de una situación saludable en la que no existiera riesgo de aparición de los mismos, se puede pasar a otra con riesgo pero sin malos tratos, y posteriormente evolucionar hacia la existencia de malos tratos ocultos o la detección de malos tratos manifiestos y reincidentes" (Moya y Barbero, 2005, p. 35). Es decir, las situaciones de malos tratos tienen un recorrido en su origen antes de que las consecuencias en la integridad de la persona se produzcan, y no son estáticas, puede producirse un tipo de malos tratos inicialmente y evolucionar hacia otro, o lo que es más común, concurrir varios simultáneamente. Esta dinamicidad hay que observarla también en los factores de riesgo, que pueden aparecer y desaparecer de forma no simultánea.

---

[13] Las perspectivas teóricas desde las cuales se han intentado explicar los malos tratos hacia los mayores se revisan en L. R. PHILLIPS (1989) y C. PHILLIPSON (2000).

3.1. Características individuales de riesgo[14]

Por parte de la persona responsable de malos tratos se destacan abuso de alcohol y drogas, problemas de salud mental, dificultades económicas, o dependencia económica y residencial de la víctima. Por parte de la persona víctima se presta atención a comportamientos hostiles y estilos de afrontamientos pasivos y de evitación como resultado de deficiencias cognitivas y físicas.

3.2. Factores relacionales

En algunas explicaciones, con un grado de popularización muy alto, se relacionan situaciones de dependencia de la persona mayor y estrés de la persona cuidadora. El argumento es como sigue: las situaciones de dependencia a las que conducen algunas enfermedades requieren una provisión de cuidados informales intensivos en tiempo y dedicación, que causan "carga" en el plano físico y psicoafectivo a los cuidadores principales, y como resultado de la misma pueden incurrir en conductas de malos tratos[15]. Nuestra perspectiva es radicalmente opuesta a esta tesis por las razones que a continuación se exponen. Vincular de forma mecánica y unívoca situaciones de dependencia y malos tratos a personas mayores contribuye a crear un imaginario social sobre el cuidar asociado única y exclusivamente en términos de pérdidas, lo que moldea proyectos personales y familiares que rechazan las tareas de cuidado y desempeños profesionales y políticas de servicios desvalorizadas socialmente, podríamos decir "de segunda". Se abunda en las consecuencias negativas (de salud y aislamiento) que ocasiona cuidar a alguien en situación de necesidad a causa de la enfermedad o la ancianidad (que sin duda las tiene por la dureza de la tarea), omitiendo la satisfacción y recompensas

---

[14] Una exploración exhaustiva de los estudios empíricos internacionales que han sostenido la relevancia de los diversos factores de riesgo puede encontrarse en K. PILLEMER (2005) y OMS (2002).

[15] Estas explicaciones que vinculan los malos tratos con la situación de dependencia de la persona mayor están relacionadas con el modelo explicativo del intercambio social. Esta teoría señala el desequilibrio de recompensas y castigos en la interacción entre la víctima y la persona responsable de los malos tratos que se produce en situaciones de dependencia. Las personas cuidadoras pueden percibir que el esfuerzo que realizan es excesivo para el beneficio (experimentando pérdida de autonomía y de poder), interpretando que tienen poco que perder a causa de los actos violentos que cometan.

personales que también implica el ayudar a otro (Paniagua y Lázaro, 2005; Izal, Montorio y Díaz, 1997). La experiencia de cuidar hace sentirse útil; ayuda a descubrir unas capacidades personales tal vez ignoradas hasta el momento (enorgullecerse de ello) y proporciona enriquecimiento personal (ayuda a crecer como personas, a descubrir otras realidades, a ver la vida de otra forma).

Por otra parte, las definiciones de provisión de cuidados hacen excesivo hincapié en los aspectos relacionados con los cuidados físicos o instrumentales, hasta el punto de excluir otros aspectos más difusos y sutiles pero más relevantes que tienen que ver con los sentimientos, emociones y relaciones (Qureshi, 1986 y Pearlin y otros, 1990). El cuidado de otra persona representa también, y en no pocas ocasiones ante todo, cuidados afectivos (Torralba, 2005). Queremos poner de relieve que las situaciones de malos tratos no son tanto resultado de la carga objetiva, sino que vienen determinadas por dimensiones cognitivas y simbólicas de relación entre los que brindan el cuidado y los que lo reciben, y de la interpretación que las personas cuidadoras hacen de la situación de dependencia. No se puede descartar que el estrés sea uno de los factores de riesgo, pero teniéndolo en cuenta en el contexto de los significados que persona cuidadora y mayor atribuyen a la relación que acompaña a la provisión instrumental de cuidados[16].

Es necesario por lo tanto reubicar los casos de malos tratos potenciales en el contexto más amplio de la dinámica relacional en la que se efectúa la provisión de cuidados. Esta dinámica es singular (es decir, única para cada familia en función del reparto de responsabilidades y cuidados al que se haya llegado, y del propio entorno afectivo), cambiante y puede desenvolverse con consecuencias potencialmente positivas y negativas, tanto para la persona que recibe los cuidados como para la persona que los proporciona. Entre los factores a evaluar en la relación de cuidado se destacan principalmente dos (Phillips y Rempusheski, 1986; Nolan, 2000):

• La percepción que tiene el cuidador de la relación anterior con la persona cuidada, y el grado de conciliación de la situación actual

---

[16] Estas explicaciones encajan con la perspectiva interaccionista de los malos tratos a mayores, que pone el acento en las interpretaciones simbólicas que persona cuidadora y mayor hacen de sus respectivos comportamientos. S. K. STEINMETZ (1988) argumenta que una interpretación sugestiva de estrés por la persona cuidadora es el predictor de la carga que soporta.

con esa imagen anterior. Cuando un cuidador tiene una perspectiva normalizada de su relación anterior (en la que tienen cabida aspectos tanto positivos como negativos pero se valora como positiva en su conjunto) y simétrica (es decir, de relación entre iguales), es más probable que la persona cuidadora acepte ciertos comportamientos de la persona cuidada, no los considere aislados de su situación de enfermedad (es decir, no los perciba como deliberados y premeditados), no califique a la persona cuidada de exigente, desagradecida o manipuladora, y muestre satisfacción ante la experiencia de cuidar. Por el contrario una percepción de la relación anterior estigmatizada (la persona cuidadora sólo tiene percepciones negativas), junto con una percepción que en sus relaciones con la persona mayor su posición siempre ha sido de menor poder, hace más probable estilos autoritarios y punitivos, y constituye una situación de riesgo para los malos tratos. En definitiva, las buenas relaciones minimizan el estrés incluso ante exigencias de atención manifiestamente gravosas; y a la inversa, una relación pobre y frágil se quiebra ante exigencias menores[17].

- La adecuación percibida del apoyo familiar. Si la persona cuidadora percibe que los demás familiares no prestan apoyo suficiente en el desempeño de las tareas de cuidar, no aprecian la cotidianeidad de los cuidados, o incluso considera que se permiten criticar cómo está llevando a cabo la tarea, el riesgo es mayor[18]. Percepciones así pueden provenir también de los apoyos formales que la persona cuidadora tenga. Por lo tanto en la intervención hay que evitar culpabilizar a las familias (Moya y Barbero, 2003). Hacerlo así con un cuidador agotado y que incurre en conductas negligentes por no saber o no poder hacerlo mejor, sólo conduce de forma indirecta a aumentar el riesgo de malos tratos.

---

[17] Una aproximación excelente a la influencia del elemento relacional en la percepción de carga de la persona cuidadora fue realizada por Ana María Díaz Ponce, en su practicum de la licenciatura de Sociología, tutorizado por las autoras: "Significados de cuidar. Una aproximación desde la perspectiva de la calidad de las relaciones", Universidad Pontificia Comillas de Madrid, mayo 2006 (manuscrito).

[18] Se puede dar el caso que la persona dependiente se muestre más afectuoso con el familiar que viene a visitarlo que con el cuidador habitual, en virtud de la relación afectiva que siempre había mantenido, aunque lo vea con menos frecuencia. Este síndrome se ha acuñado con el nombre del "ángel ausente", llegando la persona a ignorar al cuidador habitual en presencia del ocasional (NOLAN, 2000).

3.3. Ámbito comunitario

El aislamiento de las redes amicales, vecinales y comunitarias más próximas es señalado en casi todos los estudios como factor de riesgo, aunque es difícil saber si la influencia del aislamiento es previo o posterior a los malos tratos (para mantenerlos ocultos). Nos parece importante destacar desde la esfera comunitaria dos circunstancias de riesgo, tanto para que se produzcan malos tratos como para que sea difícil detectarlos. Se acaba de argumentar cómo la insatisfacción con el apoyo familiar y comunitario puede agravar la percepción de carga de la relación de cuidado, y desembocar en situaciones de malos tratos. La vinculación con asociaciones de familiares de enfermos –en las que la persona cuidadora puede recibir información y formación sobre la evolución y consecuencias de la enfermedad, sobre autocuidado, sobre cómo resolver situaciones conflictivas de violencia, maltrato verbal u hostilidad, y acceder a servicios de respiro–, puede ayudar a que la persona cuidadora reconozca que las dificultades cotidianas están vinculadas a la enfermedad y no a la personalidad del mayor, y perciba esos comportamientos de forma más positiva (National Center on Elder Abuse, 2002; Tabueña, 2004; y Paniagua y Lázaro, 2005)[19].

Conviene considerar también que el paso de los años impone rupturas de comunicación interpersonal con los entornos físicos y afectivos cotidianos, y la falta de sociabilidad e integración social pueden favorecer una prematura pérdida de independencia y mayores índices de depresión. En este sentido no hay que olvidar el plano biográfico, marcado por la pérdida de amigos y familiares. Tampoco hay que descuidar el desarraigo que puede ocasionar estrategias de rotación residencial entre los domicilios de los hijos, debido a la desvinculación de los entornos comunitarios en los que ha transcurrido la biografía de los mayores[20].

---

[19] El estudio de Tabueña es significativo por la inclusión entre los factores de riesgo de las dimensiones de relación interpersonal entre persona agresora y víctima. La muestra del estudio estuvo compuesta por 178 casos de malos tratos confirmados o de sospecha de personas de 65 años que vivían en sus domicilios de la ciudad de Barcelona. La referencia del Centro Nacional del Maltrato a las Personas Mayores puede encontrarse en http://www.imsersomayores.csic.es/documentos/documentos/ncea-relacion-01.pdf. Fecha de consulta: 5 de diciembre de 2007.

[20] Las propias personas mayores señalan esta situación o la institucionalización forzosa como uno de los malos tratos más frecuentes (IMSERSO, 2004). La convivencia alterna con sus hijos también puede dar lugar al tránsito de personas mayores por distintos servicios de urgencias hospitalarias sin que ningún profesional se responsabilice de su

3.4. Contexto social

Nos gustaría en primer lugar tratar las actitudes edadistas como factor de riesgo para los malos tratos a personas mayores. El edadismo hace referencia al mantenimiento de estereotipos o actitudes prejuiciosas hacia una persona únicamente por el hecho de ser mayor (Palmore, 1990). Los estereotipos edadistas sustentan un imaginario social que reduce la singularidad e identidad de las personas que traspasan un determinado umbral de edad cronológica –y que sin embargo tienen diferentes edades biológicas–, a un tipo ideal uniforme y unívoco bien de personas frágiles, dependientes y aisladas, bien de personas permanentemente felices y ajenas a dificultades cotidianas. El edadismo es el sustrato que condiciona actitudes y conductas personales, sociales e institucionales de desvalorización y separación. Como hemos visto en anteriores capítulos, hay que saber que cuando no se valora a alguien, es más difícil tener conciencia y sensibilidad para percibir que sus derechos pueden estar siendo vulnerados. Por ello no es posible la comprensión de por qué se producen malos tratos a personas mayores sin atender a las actitudes y conductas que se consideran apropiadas para cada etapa del ciclo vital desde perspectivas culturales diferentes (Neugarten, Moore y Lowe, 1999).

En el siguiente cuadro se señalan en la izquierda algunos de los estereotipos más habitualmente destacados y popularizados, mientras que en la columna de la derecha se aporta la evidencia real de la vida cotidiana de las personas mayores, lo que presenta resultados contradictorios:

---

atención (SÁNCHEZ, CUBERO, GUTIÉRREZ, JOLÍN y GARCÉS, 1998). Ello sin duda dificulta la detección de situaciones de riesgo, y la intervención precoz en el caso de que conductas de maltrato y/o negligencia se hayan empezado ya a producir.

Cuadro 1. MITOS Y REALIDADES SOBRE LA VEJEZ

Mito: las personas mayores son...	Realidad
Son todas muy parecidas (mito del envejecimiento cronológico)	Es un grupo de población muy diverso (mucha variabilidad interindividual)
Son menos productivos (mito de la productividad)	Muchas personas mayores realizan tareas de utilidad social no remuneradas intensivas en tiempo, dedicación y esfuerzo
Están socialmente aisladas (mito de la desvinculación)	La mayoría mantienen contactos cercanos con familiares y amigos, y los vínculos asociativos entre ellos y con otros grupos de población son crecientes
Están enfermas (tienen algún grado de deterioro cognitivo), son frágiles y dependen de otra persona (mito de la senilidad)	En general el declive de habilidades intelectuales no es severo, y la mayoría de los mayores viven de forma independiente
Son difíciles de tratar, rígidas y reacias al cambio (mito de la personalidad)	La personalidad se mantiene relativamente consistente a lo largo del ciclo vital. Aprendizaje de nuevas habilidades de acceso y manejo de nuevas tecnologías
Están en una edad dorada (mito de la serenidad)	Están sometidos a dificultades a causa de la enfermedad, la jubilación, la pérdida de seres queridos...

Fuente: Elaboración propia según adaptación de Losada (2004, p. 4) y Paniagua (2006, p. 179).

Las actitudes y conductas edadistas son mantenidas tanto por las familias y los profesionales como por las propias personas mayores (cuando adoptan la imagen negativa dominante en la sociedad y se comportan de acuerdo a esa imagen). Algunos ejemplos especialmente relevantes en el contexto de los malos tratos, que sobre todo contribuyen a que éste no se detecte, pueden ser los siguientes (Penhale, 1993; Curry y Stone, 1995):

- Las personas mayores se llegan a sentir culpables de los malos tratos de que son objeto, viviéndose como "carga" y pensando que con su comportamiento son responsables de la situación que se ha generado.
- Familiares y profesionales no otorgan credibilidad a las persona mayor cuando se queja, achacando sus padecimientos a la edad.
- Profesionales que culpan en cierta medida a la falta de cooperación de la persona mayor que está siendo objeto de conductas negligentes, alegando la dureza de las tareas de cuidado.

Existe también la necesidad de examinar los casos potenciales de malos tratos en el contexto más amplio del perfil de las políticas de apoyo formal a la provisión de cuidados. Se trata de evaluar políticas y praxis que pueden no estar compensando factores de riesgo que existen en la esfera familiar y comunitaria, además de generar ellas mismas situaciones de riesgo[21]. El contenido de las políticas se ha centrado fundamentalmente en la provisión de cuidados instrumentales, descuidando y no concediendo valor añadido a las dimensiones afectivo-mocionales de relación interpersonal, claves como hemos visto para la prevención de riesgo de malos tratos[22]. Praxis profesionales de rotación de los auxiliares de ayuda a domicilio, de despersonalización de la atención gerontológica, y de formación a cuidadores prioritariamente centrada en los aspectos instrumentales de tarea de cuidado −y no en dinámica familiar o resolución de conflictos−, impiden un encuentro personal y la relación adecuada entre la persona de edad y las personas cuidadoras y profesionales[23].

Además, las políticas residenciales y de atención comunitaria también presentan inconvenientes para las relaciones de proximidad tanto

---

[21] Para un análisis más exhaustivo y evidenciado empíricamente de las tesis que en este capítulo se sostienen sobre el perfil recursista, estandarizado y atomizado de las políticas de servicios sociales dirigidos a personas mayores véase R. MOTA y R. PANIAGUA (2006).

[22] Las personas mayores califican conductas de negligencia psicoafectiva (por ejemplo, condenarlos al silencio) como una de las situaciones de malos tratos más frecuentes pero también más invisibles (IMSERSO, 2004).

[23] La dimensión comunicativa y relacional que se activa con la ayuda a domicilio es puesta de manifiesto cuando entre los aspectos que más valoran las personas mayores usuarias de este servicio está la compañía y la escucha que proporciona la visita de los auxiliares de hogar (MEDINA, 2000).

de la persona de edad como de la persona cuidadora con su entorno familiar y comunitario, limitando redes de solidaridad recíproca. La escasez de sistemas alternativos de alojamiento de carácter colectivo que favorezcan la permanencia del mayor en su entorno, o residencias de gran tamaño, alejadas de sus domicilios anteriores, y situadas en los bordes de los núcleos territoriales dónde se integran, pueden producir situaciones de aislamiento, de falta de apoyo a los cuidadores familiares, y decisiones precipitadas de asunción de cuidados en una dinámica relacional de mala calidad.

Por último, las políticas de apoyo a la familia cuidadora en no pocas ocasiones se articulan desde un esquema de división del trabajo entre red familiar y comunitaria por un lado, y apoyo formal por otro, desde el cual es más difícil detectar situaciones de riesgo en la información, formación y capacidad de las personas cuidadoras, así como en la dinámica relacional que acompaña a toda provisión de cuidados. Parece como si la intervención desde los servicios formales de apoyo se reservara para cuando la familia no puede más, o efectivamente las conductas negligentes o de maltrato ya se han producido.

4. PREVENCIÓN. DETECCIÓN. INTERVENCIÓN

El fenómeno de la violencia es multidimensional, por tanto, así ha de ser la prevención, detección e intervención. Hay aspectos sociales, éticos, jurídicos, médicos y psicológicos, que deben ser abordados por equipos multidisciplinares en las diferentes fases del ciclo vital de los malos tratos[24]. La intervención ha de ser concebida como un proceso, en el que concurren políticas de prevención primordial que sensibilicen sobre el valor del paso de los años, programas de control de los factores de riesgo, detección e intervención precoces, e intervenciones que minimicen el progreso y las secuelas de una situación de malos tratos ya establecida. Es necesario diseñar las intervenciones con las familias a modo de itinerario, prolongado en el tiempo –y por tanto con necesi-

---

[24] Distintas experiencias muestran la utilidad de estudios colectivos de caso y foros de discusión tanto en ámbitos comunitarios como institucionales En la intervención hay que movilizar todos los recursos necesarios: servicios sociales municipales y autonómicos, servicios de información telefónica y coordinación de urgencias (bomberos, policía, protección civil), Agencia para la Tutela de Adultos o redes de asociaciones y grupos de ayuda mutua.

dad de acompañamiento–, con avances y retrocesos, con el concurso de la propia persona víctima de malos tratos, de familiares y redes comunitarias, y en el que cada una de las acciones es evaluada y supervisada de modo continuo[25].

Es de gran importancia la detección de los casos y el establecimiento de protocolos de actuación. En el año 1995 se estableció un protocolo de abusos y malos tratos por vez primera en nuestro país[26]. La sistematización de la información sobre la violencia se consigna en la historia clínica así como en los soportes documentales de otros profesionales, como la historia social o el informe psicológico.

El trabajo en equipo es incuestionable en la detección e intervención temprana ante la sospecha de negligencia y/o maltrato a los mayores, dada la multidimensionalidad de la violencia. Para el correcto funcionamiento y el logro de los objetivos el equipo ha de estar compenetrado en la filosofía de partida, manejar un lenguaje común, conseguir un buen nivel de comunicación entre sus miembros, huir de protagonismos inoperantes, y tener claridad en la formulación de objetivos comunes de intervención[27].

El equipo centrará sus trabajos en la prevención, detección temprana, denuncia, intervención y seguimiento de los casos de malos tratos de su territorio comunitario y/o institucional. Por las propias características de proximidad de los profesionales claves en el equipo –médicos, ATS, trabajadores sociales…–, señalamos la ventaja de encontrarse muy cercanos a los hechos lo que les otorga una posición privilegiada para actuar con celeridad y contundencia cuando sea necesario. Estos profesionales están situados dentro o muy cerca de los espacios en donde acontecen las situaciones de violencia sobre las que hay que intervenir. No es necesario que otros "vean y cuenten", son profesionales de primera línea, lo que les permite ir por delante de los acontecimientos en muchas ocasiones. Este conocimiento de la realidad dota a los profesiona-

---

[25] Sobre intervención familiar en gerontología con planteamientos totalmente extrapolables para la intervención en violencia a mayores Cf. R. MOTA y R. PANIAGUA, op. cit. 2006; C. D. SÁNCHEZ (1990), *Trabajo Social y Vejez. Teoría e Intervención*. Buenos Aires. Humanitas; y J. YANGUAS, J. LETURIA, M. LETURIA y A. URIARTE (1998), *Intervención Psicosocial en Gerontología: Manual práctico*. Madrid. Cáritas Española.

[26] Véanse al respecto A. GARCÍA y A. GONZÁLEZ (2002) y C. TOUZA, C. PRADO, L. GARCÍA, P. ROYO y M. P. SEGURA (2002).

[27] De gran utilidad todo el desarrollo teórico sobre los equipos de trabajo en gerontología en J. YANGUAS et al., op. cit, 1998.

les de unas herramientas inmejorables para realizar intervenciones precisas y ajustadas a cada situación[28].

Hay que desplegar todos los conocimientos y destrezas en las técnicas de observación, de entrevista, de grupos, para entender lo que está pasando, para hacer que los afectados hablen, entender los silencios, saber manejar las situaciones de crisis e identificar los recursos oportunos. El maltrato a personas mayores no es algo nuevo, pero hay que hacer esfuerzos de imaginación y de rigor profesional para que la actuación vaya "por delante" y genere nuevas respuestas ante nuevas preguntas que se están formulando[29].

En el *ámbito comunitario* la visita a domicilio y el seguimiento de los casos de riesgo se hacen prioritarios. Conviene prestar atención preferente al hábitat, a las condiciones de salud del mayor, a las relaciones con su/sus cuidador/res y con el entorno más próximo. Como estrategia eficaz para la prevención de situaciones de riesgo de malos tratos a personas mayores son fundamentales actuaciones de seguimiento y mediación de la relación de cuidado. Son necesarios instrumentos y metodologías que evalúen de forma continua las relaciones entre las personas que dispensan los cuidados y los mayores al inicio y durante la relación de cuidados, y propongan alternativas viables y apropiadas[30]. Conviene tener en cuenta que en la decisión de desempeñar el papel de cuidador actúan

---

[28] El prestar los servicios profesionales en los ámbitos comunitarios y/o residenciales añade un plus de proximidad que va a favorecer la detección temprana de la violencia, lo que de otra forma sería inviable. Esta proximidad de los profesionales de ayuda a las personas está bien sistematizada en la obra de A. ACEBO (1992), *Trabajo Social en los Servicios Sociales Comunitarios*. Madrid. Siglo XXI.

[29] Ante el problema de la violencia a mayores surgen nuevas preguntas que tienen que ser respondidas con actuaciones ajustadas y tratando de intervenir antes que la situación se agrave más. Esa capacidad de indagar, de interrogarse, de explorar nuevas formas de hacer según la demanda social de cada momento, engrandece a las profesiones como bien señala el profesor J. GARCÍA ROCA, (1996) "Preguntas y perfiles del trabajo", en F. Bermejo (coord.) (1996), *Ética y Trabajo Social*. Madrid: Universidad Pontificia Comillas.

[30] La evaluación de los factores de riesgo debe incluir aspectos de la dinámica relacional entre ambos, así como del ciclo vital de los cuidados. Algunas cuestiones pertinentes de la calidad de la relación pueden ser las siguientes: ¿la relación que mantiene el cuidador con la persona mayor está desprovista de comunicación, entendimiento o comprensión?, ¿vincula comportamientos de pasividad u hostilidad con la enfermedad?, ¿comparten actividades durante el día? o ¿percibe desagradecimiento? Por su parte, respecto al ciclo vital de los cuidados puede prestarse atención a: ¿tiempo transcurrido?, ¿momento en que se tomó la decisión?, ¿tarea compartida?, ¿valoración por parte de la red familiar? o ¿recompensas del cuidador?

elementos complejos, en no pocas ocasiones esta decisión se toma en momentos de crisis, de turbación y se mezclan motivaciones de amor, culpabilidad, sentido de responsabilidad, y no se fundamenta en un ejercicio realista de evaluación de todas las opciones y el reconocimiento de lo que es mejor para la persona mayor, el cuidador y la familia (Paniagua y Lázaro, 2005).

Cuando se han tenido unas relaciones familiares dificultosas puede ser totalmente inapropiado obligar a hijos o allegados a establecer relaciones físicas o emocionales estrechas que van a ser potencialmente desastrosas (Qureshi y Walker, 1989). Por otra parte, si la persona expresa sus dificultades acerca de las aptitudes para la provisión del cuidado, se debe poner en duda la conveniencia que ese determinado familiar asuma el papel del cuidador. Por ello, no se debe presionar a nadie y tampoco se debe hacer que se sientan culpables por haber expresado sus dudas sobre los cuidados. No se puede mantener a los cuidadores en su rol si verdaderamente no pueden asumirlo, ya que lo desempeñarán de forma inapropiada con fatales consecuencias (Pascual y Barlés,1990). Tampoco echar en cara su incapacidad para hacerlo pues conducirá a una situación cada vez más difícil para ambas partes. Por tanto, no se debe asumir de forma mecánica, tal y como en ocasiones se hace en los medios de comunicación y en el discurso público, que un anciano que vive solo es un anciano abandonado. Antes bien, una situación de convivencia forzada puede suponer una situación de riesgo de malos tratos.

Si se observa un deterioro progresivo hay que estar más atentos, ya que éste en mayores dependientes es a veces tan rápido que puede hacer que la situación cambie negativamente en muy poco tiempo[31]. Hay que promover y coordinar grupos de cuidados al cuidador y de control de estrés, trabajar con la familia los buenos tratos, el respeto y la consideración a los mayores, todo ello son tareas que hay que asumir. En la VII Reunión Internacional sobre Biología y Sociología de la Violencia se puso de manifiesto la importancia de la colaboración del voluntariado, de los proveedores, de los carteros, de los vecinos y de las redes informales para la detección de casos de violencia hacia los mayores en el espacio doméstico (Centro Reina Sofía para el Estudio de la Violencia,

---

[31] Los medios de comunicación nos informan de numerosos casos de ancianos que viven solos, en las grandes ciudades, que han pasado meses enfermos o incluso han fallecido sin haber sido visitados por nadie en mucho tiempo. Los apoyos informales no siempre prestan o pueden prestar los servicios adecuados en el momento preciso.

2003). Son sin duda informantes claves y colaboradores de primera magnitud de los equipos de intervención.

Queremos salir al paso de una preocupación manifestada por profesionales acerca del dilema entre la denuncia del maltrato y el secreto profesional. Este horizonte ha de despejarse ya que el fin último de toda intervención profesional es el bien de la persona y su integridad. Sería aquí muy oportuno contar con el asesoramiento de los profesionales de la ética.

La ausencia de una regulación que proteja los derechos de las personas mayores más vulnerables no exime de la responsabilidad de actuar; es más desde las experiencias profesionales se pueden hacer aportaciones muy válidas para la elaboración de un marco normativo específico. Con relación a los recursos se puede caer en una cierta complacencia al ver que se están incrementando, y eso es cierto, pero aún falta mucho camino por recorrer. Posiblemente se estén quedando en un segundo plano los recursos humanos y relacionales, y a la provisión de éstos los equipos de intervención no pueden ni deben renunciar. Es parte medular del hacer profesional; además la necesidad de relación y afecto de las personas no se satisface con medios materiales[32].

Puede existir una habituación a los malos tratos por parte del maltratador y también de la víctima, viviéndolo ambos como algo normal. Esta situación puede conducir a que la persona maltratada, o negligentemente tratada, encubra e incluso justifique la grave situación que está viviendo, percibiéndola con un sentimiento de culpabilidad; es lo que se ha venido en llamar la "justificación del desamor". Comunicar la experiencia dolorosa tiene resultados curativos, siempre que haya capacidad y competencia para ello y deseos y tiempo para escucharla. La observación de sentimientos, la escucha atenta y la actitud receptiva forman parte de la comunicación de calidad, como factor fundamental de toda relación de ayuda.

La atención profesional de apoyo a los cuidadores debería contemplar los siguientes aspectos:

- Información y orientación sobre las redes sociales (formales e informales) para apoyo a los cuidados.

---

[32] Muy sugerente al respecto la entrega que nos hace el autor, desde su propia experiencia, sobre cuáles son las necesidades reales de las personas mayores, cómo satisfacerlas y darle calidad a las relaciones interpersonales: A. MONCADA (1998), *Años dorados, entender a los mayores y prepararse para serlo.* Madrid. Ediciones Libertarias.

- Información sobre los recursos existentes.
- Proveer de conocimientos para el correcto desempeño de la función de cuidador, y realizar un seguimiento de la relación de cuidado.
- Coordinar grupos de cuidados al cuidador, prestando especial atención al cuidado del cuidador, al control de estrés, y al aprendizaje en la planificación y organización del tiempo de los cuidados y el tiempo de ocio[33].

Queremos destacar la relevancia de la práctica profesional en la investigación y elaboración de teoría sobre la violencia hacia las personas mayores. Desde el conocimiento profesional teórico y práctico se pueden extraer datos más que suficientes para ello (Paniagua y Mota, 2002; 2003 y 2006). Es un reto que se presenta muy atrayente.

5. ALGUNAS CUESTIONES PRÁCTICAS SOBRE LA INTERVENCIÓN[34]

Señalamos algunas circunstancias que pueden acompañar a los profesionales en el desarrollo de su labor tales como: sensibilización hacia el tema de malos tratos, formación específica, eliminación de los estereotipos edadistas o por el contrario, percepción de la violencia como algo normal, falta de recursos personales para afrontar la situación, temor e incertidumbre, implicación profesional y legal no deseada, o actitudes permisivas sobre la violencia. Todo ello hay que tenerlo en cuenta. No se puede obviar la dificultad que entraña la intervención en violencia a mayores y comprender reacciones como:

- Bloqueo, estupor y sorpresa ante la situación; los expertos comparan el sufrimiento de las víctimas de violencia a la que padecen los reclusos y torturados, ya que atrapa a quien lo padece y paraliza a los profesionales y personas del entorno inmediato.

---

[33] Ver M. IZAL, I. MONTORIO y P. DÍAZ (1997), *Cuando las personas mayores necesitan ayuda. Guía para cuidadores y familiares.* Vol. 1. *Cuidarse y cuidar mejor.* Madrid. IMSERSO.

[34] Nos ha resultado de mucha utilidad para la elaboración de este apartado la Guía de Actuación para Malos Tratos a Personas Mayores que recientemente ha elaborado el IMSERSO (MOYA y BARBERO, 2005).

- Huida y pudor de inmiscuirse. Se trata de un asunto intrafamiliar pero no se puede quedar inmune, aquí entra el dilema entre lo privado y lo público, el dirigismo y la autonomía.
- La identificación paralizante. Se da en aquellos casos en los que el profesional, o la persona cercana, ha tenido ella misma o cerca una experiencia similar no elaborada. Cabe el riesgo entonces de hacer un diagnóstico por analogía, lo que dificulta la objetividad[35].

Ya se ha revisado cómo las barreras por parte de la persona mayor para comunicar lo que está viviendo tienen que ver con la negación, el miedo a represalias, situaciones de dependencia, vergüenza, culpa, sistema de creencias, deterioro cognitivo o desconocimiento sobre sus derechos. En la víctima se da también el miedo al maltratador (no responde a las preguntas, lo mira continuamente, pide permiso para hablar y solicita su aprobación), sentimientos de soledad, baja autoestima y bajo auto concepto. Un factor relevante en este tipo de intervención es el desarrollo de la escucha activa y reforzadora. Llegado el caso de que hable hay que:

- Valorar el esfuerzo de que la víctima exprese su situación.
- Escuchar y contener; no expresar nunca sentimientos negativos (indignación, ira…).
- Creer lo que dice e investigar el caso con los medios al alcance.
- Evaluar la competencia del mayor solicitando, si es necesario, la figura de un tutor.
- No culpabilizar nunca.
- Trabajar la autoestima.
- Infundir confianza y credibilidad.
- Tener en cuenta los vínculos existentes entre víctima y agresor.
- Respetar la autonomía individual; no adoptar posturas paternalistas.
- Clarificar que la violencia es inadmisible e injustificable siempre.
- Recordar a la víctima sus derechos de vivir sin violencia, con integridad corporal y seguridad personal.
- Dar esperanza y ofrecer colaboración para encontrar la salida.

---

[35] Para una mayor comprensión de las dificultades de los profesionales en la intervención en violencia ver R. TEUBAL et. al. (2001), *Violencia Familiar, Trabajo Social e Instituciones*. Buenos Aires. Paidos.

- Consultar a otros profesionales especializados y demandar la orientación del equipo.
- Establecer vínculos positivos con las instituciones colaboradoras en el caso.

De otra parte en el perpetrador de maltrato se aprecia estrés continuo, no deja a solas a la persona mayor y al profesional, contesta por el mayor y lo mira continuamente, no quiere que se le proporcionen recursos, tiene expectativas no realistas, "lo hace porque quiere", le insatisface cuidar, se muestra a veces muy atento y sumiso ante el mayor o las versiones entre el mayor y el cuidador son contradictorias. Entre las cuestiones que se pueden plantear al perpetrador están:

- Animarle a que describa como es un día típico en su vida para ver la percepción del cuidador y su carga de estrés.
- Ver las ayudas y apoyos que tiene en la familia o fuera de ella.
- Explorar qué ayudas cree necesitar.
- Cómo es su estado de salud.
- Qué hace cuando está frustrado o enfadado.
- Qué conocimiento tiene sobre la salud de su familiar y los cuidados que necesita.
- Cantidad de ayuda que presta al familiar.
- Expectativas que tiene sobre el familiar y si son realistas o no.
- Expectativas sobre su propio rol de cuidador.
- Qué compromisos tiene fuera de casa.
- Grado de dependencia económica del mayor[36].

En el siguiente cuadro hemos querido señalar, (en la columna de la izquierda) actuaciones no recomendables en la intervención con víctimas y maltratadores y (en la de la derecha) actuaciones pertinentes, con la pretensión de dar algunas orientaciones prácticas:

---

[36] Para todo lo que tiene que ver con estrategias comunicativas y la resolución de problemas cuando la comunicación entraña dificultades sugerimos la consulta de P. TREVITHICK (2002), *Habilidades de Comunicación en intervención social. Manual práctico.* Madrid. Narcea, S.A. De Ediciones.

Cuadro 2. LA INTERVENCIÓN CON VÍCTIMAS Y MALTRATADORES EN
SITUACIONES DE VIOLENCIA HACIA PERSONAS MAYORES

Personas mayores víctimas de malos tratos	
No recomendable	*Sí recomendable*
• Sugerir la respuesta a las preguntas que se realizan. • Presionar a la persona mayor a que responda a preguntas que de forma voluntaria no quiere responder. • Juzgar o insinuar que la persona mayor es responsable de la situación. • Mostrarse horrorizado ante lo que relata la persona mayor. • Hacer promesas que se desconocen si se van a cumplir. • Crear expectativas que pueden no ser realistas sobre la solución del caso.	• Realizar la entrevista por separado a la víctima y al perpetrador. • Mostrarse cordial y amable tratando de crear un relación de confianza. • Dar la oportunidad de que hable libremente sin miedo a represalias. • Observar la comunicación no verbal. • Dar a la entrevista el tiempo necesario, mostrarse relajado y que no haya interrupciones. • Demostrar empatía e interés. • Mostrarse sensible ante los sentimientos de la víctima. • Animarle a que tome sus propias decisiones, explorando los recursos reales que tiene a su alcance. • Mostrarse en disposición de ayudarle a encontrar apoyos profesionales si fuera necesario.
Personas responsables de malos tratos	
No recomendable	*Sí recomendable*
• Demostrar los malos tratos. • Mostrar ira, horror, o desaprobación. • Hacer preguntas que se puedan interpretar como provocadoras en la que se sienta acusado y ponerse a la defensiva. • Culpabilizar o hacer juicios de valor que puedan cerrar las puertas a una futura ayuda, y enfrentarse con el entrevistado.	• Intentar establecer una relación de confianza aunque resulte difícil. • Realizar la entrevista en privado y si fuera necesario ante la presencia de otros profesionales. • Tratar de entrevistar al maltratador inmediatamente después de la persona mayor, para que no hay tenido tiempo de conspirar o pedirle información sobre lo que se le ha preguntado.

No recomendable	Sí recomendable
• Amenazarle, a pesar de los sentimientos y emociones negativas que pueda despertar la situación en el profesional.	• Prepararse ante la posibilidad de que la entrevista genere al profesional ansiedad o incomodidad. • Centrar las preguntas sobre la percepción que tiene el supuesto agresor sobre la persona mayor. • Si hay reticencias a contestar, se le repite que la información que facilite será de gran ayuda para conocer los servicios que pueda necesitar. • Ser objetivo, asertivo y usar técnicas de negociación y persuasión que ayuden a trabajar con personas reacias a colaborar.

Fuente: Elaboración propia de acuerdo a Moya y Barbero (2005)

6. NORMATIVA LEGAL[37]

Presentamos a continuación un repertorio legal sobre la temática de violencia a personas mayores que puede resultar de utilidad.

• La Constitución Española: Título preliminar Art. 9. Título I De los derechos y deberes fundamentales Art. 10. Capítulo Segundo, derechos y libertades, Art. 14. Sección 1.ª de los derechos fundamentales y las libertades públicas, Art. 15– 17-18-24. Capítulo Tercero. De los principios rectores de la política social y económica, Art. 50.

• Código Penal. (Ley Orgánica 10/1995, de 23 de noviembre. Libro II Delitos y sus penas. Título III De las lesiones. Art. 147. 148. 153. Capítulo I de las detenciones ilegales y secuestros. Art. 163. De las amenazas, 169. Título VII. De las torturas y otros delitos contra la integridad moral. Art. 173. Capítulo I De las agresiones sexuales, Art. 178. Título IX, de la omisión del deber de socorro, Art. 195. 196. Capítulo III de los delitos

---

[37] A. MOYA y E. BARBERO, 2005, p. 185.

contra los derechos y deberes familiares. Sección 3.ª. Del abandono de familias, menores o incapaces (antes de la modificación de la ley Orgánica 9/2002) era la sección 2.ª, Art., 226.229.230. Título XIII. Delitos contra el patrimonio y contra el orden socioeconómico. Sección 2.ª de la apropiación indebida, Art. 252. Libro III faltas y sus penas, Título I, faltas contra las personas, Art. 619. 620.

- Código Civil (Real Decreto de 24 de Julio 1989). Título VI. De los alimentos a parientes. Art. 142. 143. 144. 145. 146. 147. 148. 149. 150. 151. 152. 153. Título IX de la incapacitación, Art. 199. 200. Título X de la Tutela, de la curatela y de la guarda de los menores o incapacitados. Capítulo II, de la tutela, Art. 222. 223. 269. 270.

- Ley de Enjuiciamiento Civil (Ley 1/2000, de 7 de enero). Capítulo II, de los procesos sobre la capacidad de las personas, Art. 756. Competencias. Art. 757, Legitimación en los procesos de incapacitación y de declaración de prodigalidad. Artículo 578. Personación del demandado. Artículo 759 pruebas y audiencias preceptivas en los procesos de incapacitación. Artículo 760. Sentencia. Artículo 761. Reintegración de la capacidad y modificación del alcance de la incapacitación. Artículo 762. Medidas cautelares. Artículo 763. Internamiento no voluntario por razones de trastorno psíquico.

Otras normativas a tener en cuenta son:

- Ley 39/2006, de 14 de diciembre, de Promoción de la Autonomía Personal y Atención a las Personas en Situación de Dependencia.
- Ley 14/1986, de 25 de abril, General de Sanidad.
- Ley 35/1995, de 11 de diciembre, de Ayudas y Asistencia a las Víctimas de Delitos Violentos y contra la Libertad Sexual.
- Ley Orgánica 14/1999, de 9 de junio, de modificación del Código penal de 1995, en Materia de Protección a las Víctimas de Malos Tratos y de la Ley de Enjuiciamiento Criminal.
- Ley Orgánica 15/1999, de 13 de diciembre, Protección de Datos de Carácter Personal.
- Ley 41/2002, de 14 de noviembre, Básica Reguladora de la Autonomía del Paciente y de Derechos y Obligaciones en Materia de Información y Documentación Clínica.

- Ley 41/2003, de 18 de noviembre, de Protección Patrimonial de las Personas con Discapacidad y de modificación del Código Civil, de la Ley de Enjuiciamiento Civil y de la Normativa Tributaria con esta finalidad.
- Ley 42/2003, de 21 de noviembre, de modificación del Código Civil y Ley de Enjuiciamiento Civil en Materia de Relaciones Familiares de los Nietos con los Abuelos.
- Ley 51/2003, de 2 de diciembre de Igualdad de Oportunidades, no Discriminación y Accesibilidad de las Personas con Discapacidad.
- Ley Orgánica 1/2004, de 28 de diciembre de Medidas de Protección Integral contra la Violencia de Género.

7. A MODO DE CONCLUSIONES

Queremos finalizar señalando algunas líneas de actuación para el futuro, encaminadas a conseguir el bienestar de las personas mayores y a prevenir y erradicar la violencia hacia ellos:

- Se ha de fomentar el aprecio y valoración a los mayores desde todos los niveles educativos. Un proyecto de sociedad solidaria pasa por modificar el imaginario desde el cual se percibe la categoría social de los mayores. Es necesario generar una cultura cívica e incluir una ética social por la que todos nos responsabilicemos de la salvaguarda de los derechos de las personas mayores. Hay que asegurar que se les otorgue una imagen equilibrada (es decir, ni excesivamente negativa ni excesivamente positiva) de la vejez y el deterioro físico y cognitivo asociado a ella en los medios de comunicación, ámbito escolar, ámbitos comunitarios y campañas gubernamentales. Resulta crucial en este sentido diseñar planes educativos que incluyan contenidos transversales sobre el paso del tiempo, la pérdida de capacidades, el uso del lenguaje, los estereotipos asociados a la edad, o las posibilidades que se ofrecen en esta etapa de la vida, así como programas comunitarios de convivencia intergeneracional[38].
- Que en el seno de las familias se viva la consideración y el respeto por los miembros de mayor edad en expresiones y conducta.

---

[38] Es más probable que se forjen imágenes de la vejez ajustadas a la realidad si se tiene la oportunidad de contacto real con las personas mayores desde las etapas más tempranas de la vida.

- Se hace necesario incrementar recursos de apoyo a las familias y a los cuidadores para la atención domiciliaria.
- Proveer de formación e información a los familiares y cuidadores.
- Potenciar una actitud de vigilancia ante posibles casos de malos tratos a mayores y prevenir situaciones de riesgo.
- Recabar información de los propios mayores e involucrarlos en la lucha por la erradicación de la violencia.
- Informar a los mayores de sus derechos y responsabilidades y respaldarlos en el ejercicio de los mismos.
- Animar a los mayores a que denuncien los malos tratos de que son objeto si son competentes para ello.
- Promover el voluntariado de y para mayores y alertar a que denuncien la violencia ante la sospecha de la misma.
- Promover campañas de sensibilización social sobre la violencia.
- Regulación jurídica para proteger a las personas mayores víctimas de violencia.
- Adoptar una postura decidida hacia la denuncia de los malos tratos de forma individual y/o colectiva.
- Elaborar estrategias de trabajo y protocolos para la prevención la detección, intervención y evaluación.
- Implicación de toda la ciudadanía en la detección y denuncia.
- Colaboración de las organizaciones sociales en el bienestar de los miembros de mayor edad.
- Investigación y publicaciones sobre violencia hacia los mayores.

Y para finalizar decir que la violencia, en cualquiera de sus manifestaciones, nos enfrenta a una muy dura realidad que entre todos queremos cambiar, huyendo del desánimo y creyendo en una sana utopía. La imaginación utópica, según García Roca, es la creencia en el cambio por mínimo que éste sea. Sabemos que las utopías soñadas y compartidas se acercan progresivamente a la realidad, es lo que pretendemos en este capítulo. Todos los que participamos de esta publicación estamos decididamente empeñados en que la violencia, en cualquier de sus manifestaciones, se acabe para siempre y por ello nos encontramos en la necesidad de proclamar contra viento y marea lo que literariamente pronunció García Márquez en su obra Cien Años de Soledad: "Una nueva y arrasadora utopía de la vida, donde nadie pueda decidir por otros, donde de veras sea cierto el amor y sea posible la felicidad, y donde las estirpes condenadas a cien años de soledad tengan por fin y para siempre una segunda oportunidad".

8. Bibliografía

ACEBO, A. (1992), *Trabajo Social en los Servicios Sociales Comunitarios*. Madrid. Siglo XXI.

BAZO, M. T. (2001), "Negligencia y malos tratos a las personas mayores en España", *Revista Española de Geriatría y Gerontología*, 36, 1: 8-14, http://www.imsersomayores.csic.es/documentos/documentos/bazo-negligencia-01.pdf.

BERMEJO, L. (2004), "Negligencia, abuso y maltrato a las personas mayores en el ámbito familiar. ¿Una responsabilidad compartida?, *AGATHOS: Atención Sociosanitaria y Bienestar*, 4:16-31.

CARP, R. M. (2000), *Elder abuse in the family: an interdisciplinary model for research*. New York: Springer.

CENTRO REINA SOFÍA PARA EL ESTUDIO DE LA VIOLENCIA (2003), *Actas de la VII Reunión Internacional sobre biología y sociología de la violencia. La violencia contra las personas mayores. ¿Es posible un mundo sin violencia?* Valencia: Centro Reina Sofía para el Estudio de la Violencia.

CURRY, L. C. y STONE, J. G. (1995), "Understanding elder abuse: The social problem of the 1990's", *Journal of Clinical Geropsychology*, 1, 2:147-156.

DECALMER, P. y GLENDENNING, F. (comp.), *El maltrato a las personas mayores*, Barcelona: Paidós.

GAFO, J. (1999), *El derecho a la asistencia sanitaria y la distribución de recursos*. Madrid: UPCO.

GARCÍA FÉREZ, J. (2003), "Bioética y personas mayores". *Informes Portal Mayores*, nº 4. Madrid: Portal Mayores, http://www.imsersomayores.csic.es/ documentos/documentos/garcia-bioetica-01.pdf.

GARCÍA ROCA, J. (1996), "Preguntas y perfiles del trabajo", en F. Bermejo (coord.), *Ética y Trabajo Social*. Madrid: Universidad Pontificia Comillas.

GARCÍA, A. y GONZÁLEZ, A. (2002), "Protocolos de actuación en situaciones de maltrato de mujeres y ancianos en el Hospital General de Catalunya", *Revista de Treball Social*, 166:8-21.

GARCÍA, E. (2002), "Visibilidad y tolerancia de la violencia familiar", en *Intervención Psicosocial*, vol. 11, nº 2:201-211.

GLENDENNING, F. (2000), "¿Qué entendemos por negligencia y maltrato a los ancianos?", en DECALMER, P. y GLENDENNING, F. (comp.), *El maltrato a las personas mayores*, Barcelona: Paidós.

GUIJARRO, J. L. y ARELLANO, M. (2001), "Atención del anciano en la residencia: modelo de actuación del personal cuidador", en *Revista española de Geriatría y Gerontología*, Vol. 36.

IMSERSO (2004), *Vejez, negligencia, abuso y maltrato. La perspectiva de los mayores y de los profesionales*. Madrid: IMSERSO, http://www.imsersomayores.csic.es/documentos/documentos/imserso-vejeznegligencia-01.pdf.

IZAL, M., MONTORIO, I. y DÍAZ, P. (1997), *Cuando las personas mayores necesitan ayuda. Guía para cuidadores y familiares*, Vol. 1: *Cuidarse y cuidar mejor*, Madrid: IMSERSO.

KESSEL, H., MARÍN, N. y MATURANA, N. (1996), "Primera Conferencia Nacional de Consenso sobre el Anciano Maltratado", *Revista Española de Geriatría y Gerontología*, 31:367-372, http://www.imsersomayores.csic.es/documentos/documentos/almeria-declaracion-01.pdf.

LÁZARO DEL NOGAL, M. (1995), "Abusos y malos tratos en el anciano", en: VV. AA: *Problemas éticos en relación con el paciente anciano*, Madrid: Edimsa.

LOSADA, A. (2004), "Edadismo: consecuencias de los estereotipos, del prejuicio y la discriminación en la atención a las personas mayores. Algunas pautas para la intervención", *Informes Portal Mayores* nº 14, Madrid: Portal Mayores, http://www.imsersomayores.csic.es/documentos/documentos/losada-edadismo-01.pdf.

MEDINA, E. (2000), *Evaluación de la calidad asistencial del servicio de ayuda a domicilio*. Murcia: Universidad de Murcia.

MONCADA, A. (1998), *Años dorados, entender a los mayores y prepararse para serlo*. Madrid. Ediciones Libertarias.

MOTA, R. y PANIAGUA, R. (2006), "Políticas de bienestar e intervención con personas mayores: un enfoque centrado en la singularidad y en la integración comunitaria", en Vidal, F. (ed.), *Exclusión social y el Estado de bienestar en España*. Madrid: Fundación Hogar del Empleado e Icaria Editorial.

MOYA, A. y BARBERO, J. (2003), "Malos tratos en personas mayores: marco ético", *Revista Española de Geriatría y Gerontología*, 38, 2: 177-185.

MOYA, A. y BARBERO, J. (coord.) (2005), *Malos tratos a personas mayores. Guía de actuación*. Madrid: IMSERSO, http://www.imsersomayores.csic.es/documentos/documentos/imserso-malostratos-01.pdf.

NACIONES UNIDAS (2002), *El maltrato de las personas de edad: reconocer y responder al maltrato de las personas de edad en un contexto mundial*. Informe del Secretario General sobre el proyecto de documento final de la Asamblea Mundial sobre el Envejecimiento. Nueva York: Naciones Unidas, http://www.imsersomayores.csic.es/documentos/documentos/onu-maltrato-01.pdf.

NATIONAL CENTER ON ELDER ABUSE (2002), *Relación entre el estrés de los cuidadores y el maltrato de los ancianos*. Washington D.C: National Center on Elder Abuse, http://www.imsersomayores.csic.es/documentos/documentos/ncea-relacion-01.pdf.

NEUGARTEN, B. L., MOORE, J. W. y LOWE, J. C. (1999), "Normas de la edad, limitaciones de la edad y la socialización de los adultos", en Neugarten, B. L. (ed.), *Los significados de la edad*, Barcelona: Albor-MGS.

NOLAN, M. (2000), "Las relaciones cuidador-persona dependiente y la prevención del maltrato a los ancianos", en Decalmer, P. y Glendenning, F. (comp.), *El maltrato a las personas mayores*, Barcelona: Paidós.

ORGANIZACIÓN MUNDIAL DE LA SALUD (2002a), "Declaración de Toronto para la prevención global del maltrato de las personas mayores", *Revista Española de Geriatría y Gerontología*, 37:332-333, http://www.imsersomayores.csic.es/documentos/documentos/oms-declaracion-01.pdf

ORGANIZACIÓN MUNDIAL DE LA SALUD (2002b), *Voces ausentes. Opinión de las personas mayores sobre el maltrato al mayor*. Ginebra: Organización Mundial de la Salud, http://www.imsersomayores.csic.es/documentos/documentos/bennet-voces-01.pdf.

ORGANIZACIÓN PANAMERICANA DE LA SALUD (2002), "El maltrato de las personas mayores", en *Informe Mundial sobre la violencia y la salud*, capítulo 5. Washington D. C: Organización Panamericana de la Salud, http://www.imsersomayores.csic.es/documentos/documentos/paho-maltrato-01.pdf.

PALMORE, E. (1990), *Ageism: Negative and positive*. New York: Springer.

PANIAGUA, R. (2006), "Reflexiones acerca de las personas mayores. Sombras y luces de una realidad", *Sal Terrae*, Tomo 94/3, 1.099:175-188.

PANIAGUA, R. y LÁZARO, S. (2005), "Cuidar y cuidarse: un aprendizaje posible", *Sal Terrae*, Tomo 93/11, 1.095:907-918.

PANIAGUA, R. y MOTA, R. (2002), "Violencia hacia los mayores", en *Los desafíos de la violencia. Un compromiso del Trabajo Social por una sociedad más justa*, IV Congreso de Escuelas de Trabajo Social, Alicante, *Cuadernos de Trabajo Social*, 10:231-240.

PANIAGUA, R. y MOTA, R. (2003), "La violencia hacia las personas mayores. El papel del/la trabajador/a social como profesional clave", en *III Congreso de Trabajo Social. Madrid social, utopía y realidad*. Madrid: Colegio Oficial de Diplomados en Trabajo Social y Asistentes Sociales de Madrid, 169-176.

PASCUAL y BARLÉS, G. (1990), *El cuidador del paciente con demencia senil tipo Alzheimer*. Zaragoza. Esteve.

PEARLIN, L., MULLÁN, J. T., SEMPLE, S. J. Y SKAFF, M. M. (1990), "Caregivig and the stress process: and overview of concepts and their measures", *The Gerontologist*, 30, 5:583-594.

PENHALE, B. (1993), "The abuse of elderly people: Considerations for practice", *British Journal of Social Work*, 23, 2:95-112.

PÉREZ, G. (2004a), "Dificultades para definir el maltrato a personas mayores". *Informes Portal Mayores*, nº 16. Madrid: Portal Mayores,. http://www.imsersomayores.csic.es/documentos/documentos/perez-dificultades-01.pdf.

– (2004b), "Tipos de maltrato y/o negligencia hacia personas mayores". *Informes Portal Mayores*, nº 15. Madrid: Portal Mayores, http://www.imsersomayores.csic.es/documentos/documentos/perez-tipos-01.pdf.

PHILLIPS, L. R. (1989), "Theoretical explanations of elder abuse", en Pillemer, K. A. y Wolf R. S. (eds.), *Elder abuse: conflict in the family*, Dover: Auburn House.

PHILLIPS, L. R. y REMPUSHESKI, V. F. (1986), "Caring for the frail elderly at home: towards a theoretical explanation of the dynamics of poor quality family care", *IAdvances in nursing science*, 8, 4:62-84.

PHILLIPSON, C. (2000), "Los malos tratos a los ancianos: perspectivas sociológicas", en Decalmer, P. y Glendenning, F. (comp.), *El maltrato a las personas mayores*, Barcelona: Paidós.

PILLEMER, K. (2005), "Factores de riesgo de maltrato de mayores", en Iborra, I. (ed.), *Violencia contra personas mayores*, Barcelona: Ariel.

PRAT, F. (2003), *Acompañando a personas mayores en residencias.* Cantabria: Sal Terrae.

QURESHI, H. (1986), "Responses to dependency-reciprocity, affect and power in family relationships", en Phillipson, C., Bernard, M. y Strang, P. (comps.), *Dependency and Interdependency in Old Age: Theoretical perspectives and policy alternatives*, Londres: Croom Helm.

QURESHI, H. y WALKER, A. (1989), *The caring relationship: elderly people and their families.* Londres: Macmillan.

RIBERA, J. M. (1995), "Paciente anciano y atención sanitaria. ¿Un paradigma de discriminación?", en: VV. AA., *Problemas éticos en relación con el paciente anciano,* Madrid: Edimsa.

RUIZ SANMARTÍN, A. et. al. (2001), "Violencia doméstica: prevalencia de sospecha de maltrato a ancianos", *Atención Primaria*, 27, 5:331-334.

SÁNCHEZ, C. D. (1990), *Trabajo Social y Vejez. Teoría e Intervención.* Buenos Aires. Humanitas.

SÁNCHEZ, L., CUBERO, P., GUTIÉRREZ, B., JOLÍN, L. y GARCÉS, P. (1998), "El anciano golondrina: una propuesta de atención sociosanitaria", *Dimensión humana*, 2:17-25.

SCHIAMBER, L. B. y GANS, D. (1999), "An ecological framework for contextual risks factors in elder abuse by adult children", *Journal of Elder Abuse and Neglect*, 11:79-103.

STEINMETZ, S. K. (1988), *Duty bound: Elder abuse and family care.* Beverly Hills: Sage.

TABUEÑA, M. (2004), "Maltrato de ancianos: un problema social y de salud", *Revista de Servicios Sociales y Política Social*, 65:33-50.

TEUBAL, R. (2001), "Maltrato del anciano en la familia", en Teubal, R. et. al, *Violencia familiar, trabajo social e instituciones*, Barcelona: Paidós.

TORRALBA, F. (2005), "Esencia del cuidar. Siete tesis", *Sal Terrae*, Tomo 93/11, 1.095:885-896.

TOUZA, C., PRADO, C., GARCÍA, L., ROYO, P. y SEGURA, M. P. (2002), "Los malos tratos a las personas mayores: Una propuesta para trabajar desde los equipos de servicios sociales de los municipios", *Intervención Psicosocial*, 11, 1:27-41.

TREVITHICK, P. (2002), *Habilidades de comunicación en intervención social. Manual práctico.* Madrid. Narcea, S.A. De Ediciones.

VALDIVIESO, C. y CABELLOS, M. C. (2000), "Negligencia y maltrato a personas mayores. Un estudio de casos en Castilla – La Mancha", *ASSB: Asistencia Sociosanitaria y Bienestar*, 2:21-23.

YANGUAS, J., LETURIA, J., LETURIA, M. y URIARTE, A. (1998), *Intervención Psicosocial en Gerontología: Manual práctico*. Madrid. Cáritas Española.

CAPÍTULO V

BULLYING: ACOSO MORAL Y MALTRATO ENTRE ESCOLARES

M.ª Angustias Roldán Franco

Departamento de Psicología
Facultad de Ciencias Humanas y Sociales
Universidad Pontificia Comillas de Madrid

"Ante las atrocidades tenemos que tomar partido.
La posición neutral ayuda siempre al opresor, nunca
a la víctima. El silencio estimula al verdugo, nunca
al que sufre"

(Elie Wielsel)

1. INTRODUCCIÓN

La presencia de noticias relacionadas con el maltrato escolar en los medios de comunicación ha crecido de forma muy significativa en los últimos años, como consecuencia de una mayor sensibilización, y por la crudeza de algunos casos que han finalizado con el suicidio de varios adolescentes. Es cierto que el problema de la violencia escolar afecta a un gran número de niños en los centros educativos, pero como señala Ortega (2005), no todos los problemas que tiene la escuela, están relacionados con la violencia.

En todo caso conviene tener presente que las conductas de maltrato en los colegios no se pueden considerar como parte normal del desarrollo del niño y del adolescente. Efectivamente suponen un riesgo tanto para el agresor como para la víctima, para los compañeros que no participan directamente en la agresión (los espectadores) e incluso para el entorno educativo. Un clima de violencia tiene consecuencias muy negativas para el desarrollo psicológico, social e intelectual.

Abordamos una realidad muy compleja, pues entre otras dificultades nos encontramos con la necesidad de diferenciar de manera muy clara el concepto de acoso escolar de otros sucesos (disruptividad, vandalismo, conductas delictivas, indisciplina, etc.) que tienen que ver con problemas de violencia en la escuela, pero no se pueden englobar bajo la etiqueta de acoso escolar, a pesar de que puedan estar relacionados.

Por todo ello dedicaremos este capítulo a delimitar de qué conductas estamos hablando, qué incidencia tienen en la población española, cuáles son las características de los alumnos que participan en este tipo de situaciones, cuáles son las consecuencias para los implicados y, por último, qué señales nos pueden indicar que un alumno puede ser una víctima o un agresor.

2. UNA APROXIMACIÓN CONCEPTUAL

Para poder definir qué es el acoso escolar y por tanto saber si un estudiante es víctima del mismo, es necesario diferenciarlo del concepto de violencia escolar. La violencia en los centros escolares es un fenómeno creciente que impide el normal desarrollo de los procesos de enseñanza y aprendizaje, pero no toda conducta violenta que se produce en la escuela se puede considerar acoso escolar. Podemos considerar la violencia escolar como "cualquier acción u omisión intencionada que, en la escuela, alrededores de la escuela o actividades extraescolares, daña o puede dañar a terceros" (Serrano, 2006, p. 27).

La violencia que se produce en la escuela puede ir dirigida a objetos o a personas. A su vez, la violencia que se da entre personas puede manifestarse de tres formas distintas: del profesor contra el alumno, del alumno contra el profesor y por último, la violencia entre compañeros. Ésta última se convierte en acoso cuando es reiterada, y se da en un marco en el que existe un desequilibrio de poder, por lo que la intimidación es un elemento clave del acoso escolar.

El noruego Olweus (1993) fue el pionero en el estudio de la convivencia y de la violencia escolar. En su libro "Conductas de acoso y amenaza entre escolares" asienta las bases del marco conceptual sobre el tema y proporciona una definición que nos puede servir de punto de partida para describir este fenómeno:

> "La victimización o maltrato por abuso entre iguales es una conducta de persecución física y/o psicológica que realiza el alumno o alumna con-

tra otro, al que elige como víctima de repetidos ataques. Esta acción, negativa e intencionada, sitúa a las víctimas en posiciones de las que difícilmente pueden salir por sus propios medios. La continuidad de estas relaciones provoca en las víctimas efectos claramente negativos. Descenso en su autoestima, estados de ansiedad e incluso cuadros depresivos, lo que dificulta su integración en el medio escolar y el desarrollo normal de los aprendizajes" (Olweus, 1986, citado en el Informe del Defensor del Pueblo sobre Violencia y Acoso Escolar, 2000, p. 26).

Por su parte Ortega define el acoso entre escolares como "una forma ilegítima de confrontación de intereses o necesidades en la que uno de los protagonistas –persona, grupo o institución– adopta un rol dominante y obliga por la fuerza a que el otro esté en un rol de sumisión, causándole con ello un daño que puede ser físico, social o moral" (Ortega, 2000, p. 23).

En todas las investigaciones realizadas por el equipo de la profesora Díaz-Aguado, el acoso escolar presenta las siguientes características (Díaz-Aguado, 2005, p. 551):

1. Suele incluir conductas de diversa naturaleza (burlas, amenazas, intimidaciones, agresiones físicas, aislamiento sistemático, insultos).
2. Tiende a originar problemas que se repiten y prolongan durante cierto tiempo.
3. Supone un abuso de poder, al estar provocada por un alumno *(el matón)*, apoyado generalmente en un grupo, contra una víctima que se encuentra indefensa, que no puede por sí misma salir de esa situación.
4. Y se mantiene debido a la ignorancia o pasividad de las personas que rodean a los agresores y a las víctimas sin intervenir directamente.

Por último, en el estudio realizado por el Centro Reina Sofía para el Estudio de la Violencia[1], se define el acoso como un "comportamiento repetitivo de hostigamiento y e intimidación, cuyas consecuencias suelen ser el asilamiento y la exclusión social de la víctima" (Serrano e Iborra, 2005, p. 11). Según este estudio, para poder hablar de acoso se deben cumplir al menos tres de los siguientes criterios: la víctima se siente

---

[1] El Centro Reina Sofía para el Estudio de la Violencia, es un centro de investigación sobre temas de violencia, ubicado en la ciudad de Valencia y dirigido por José Sanmartín, catedrático de Filosofía de la Universidad de Valencia.

intimidada, la víctima se siente excluida, la víctima percibe al agresor como más fuerte, las agresiones son cada vez de mayor intensidad y las agresiones suelen ocurrir en privado.

En todas las definiciones presentadas la repetición de la conducta es un requisito imprescindible para que se considere que un alumno es víctima de acoso, y es aquí donde se plantea el problema para muchos investigadores: ¿Cuántas veces es necesario que la agresión se produzca para que un escolar sea víctima de acoso y no de una mera violencia ocasional? Dar respuesta a este interrogante es muy complicado y plantea muchos problemas, por lo que la mayoría de los profesionales que han estudiado el tema coinciden en que es más importante saber si la víctima se siente intimidada o atemorizada, y no es tan importante saber el número de veces a partir del cual se puede hablar de acoso (Serrano, 2006).

Como hemos señalado, las conductas que realizan los agresores pueden ser de distinta naturaleza: amenazas, burlas intimidaciones, agresiones físicas, aislamiento sistemático, insultos, etc. Pues bien, dependiendo de la naturaleza de la conducta agresiva que ejerzan los agresores, algunos autores distinguen diferentes tipos de acoso. Así, Avilés (2000) habla de acoso físico, verbal, psicológico[2] y social[3].

En la investigación realiza por encargo del Defensor del Pueblo, se considera que el maltrato por abuso de poder puede adoptar diferentes manifestaciones: maltrato directo (agresiones intimidatorias, las cuales a su vez pueden incluir daño físico o verbal) y maltrato indirecto (exclusión social) Defensor del Pueblo (2000).

Sanmartín y su equipo (Sanmartín et al, 2005), nos hablan de cuatro tipos de acoso: maltrato físico (toda acción que voluntariamente realizada, puede provocar daño físico), maltrato emocional (aquellas acciones o actitudes que provocan o pueden provocar daño psicológico), abuso sexual y maltrato económico (se refiere a la utilización no autorizada de los recursos económicos o las propiedades de un alumno).

Por último, en la siguiente figura presentamos la clasificación realizada por Collell y Escude (2006) de los diferentes tipos de conductas de acoso o los diferentes tipos de maltrato.

---

[2] Acciones cuyo objetivo es minar la autoestima de la víctima y aumentar su sensación de inseguridad y temor. Todas las formas de acoso tienen un componente psicológico, o lo que es lo mismo, el componente psicólogo está presente en todas las formas de acoso.

[3] Aislar a un individuo del grupo.

Figura 1: CLASIFICACIÓN DE LAS DIFERENTES FORMAS DE MALTRATO
ENTRE IGUALES

	DIRECTA	INDIRECTA
FÍSICA	Dar empujones Pegar Amenazar con Armas	Robar objetos de uno Romper objetos de uno Esconder objetos de uno
VERBAL	Insultar Burlarse Poner motes	Hablar mal de uno Difundir falsos rumores
EXCLUSIÓN SOCIAL	Excluir del grupo No dejar participar	Ignorar Ningunear

Fuente: Collell y Escude (206, p. 10)

La agresión física y la verbal directas se consideran una forma de agresión abierta, mientras que la exclusión social directa e indirecta y la agresión verbal indirecta es considerada por estos autores como una forma de agresión relacional. La conducta verbal y la exclusión social, en sus dos modalidades junto con la amenaza con armas, es lo que el equipo de Sanmartín denomina maltrato emocional. Como veremos más adelante, tanto la agresión verbal como la exclusión social son los dos tipos de acoso que a largo plazo tienen peor pronóstico para quienes lo padecen.

En los últimos años ha ido en aumento un tipo de acoso que se denomina *acoso digital*, en el que se utiliza el teléfono móvil o el correo electrónico para amenazar e insultar a la víctima. Este tipo de acoso es muy amenazador para la víctima, ya que el anonimato del agresor hace que esta desconfíe de todas las personas que le rodean.

A pesar de estas clasificaciones, lo cierto es que los acosadores no suelen utilizar una única forma de maltrato, sino que combinan varias a la vez.

En resumen, aunque no existe una única definición de acoso escolar, ni una única clasificación de los distintos tipos de acoso, sí que encontramos un gran consenso a la hora de plantear los elementos claves para definir el maltrato entre compañeros:

• Es un comportamiento agresivo, por tanto con la intencionalidad de hacer daño (físico o psicológico), independientemente de la forma que tome.

123

- Debe repetirse en el tiempo con cierta consistencia, lo que significa que es una conducta habitual, persistente y sistemática. Generalmente la agresión comienza con actos aislados (burlas, insultos, motes, etc.) y poco a poco se produce una escalada en el grado y diversidad de las conductas.
- La relación que se establece entre agresor y víctima se caracteriza por un desequilibrio de poder. Se produce una relación asimétrica y desigual tanto en poder como en la capacidad de respuesta, ya que la víctima se percibe como más débil, y por tanto, es incapaz de defenderse de los ataques.

3. INCIDENCIA DEL ACOSO ESCOLAR EN ESPAÑA

La investigación del acoso escolar en España es relativamente reciente, aunque se ha desarrollado con gran fuerza en los últimos años. Los diferentes estudios se pueden dividir en tres grupos[4]: investigaciones de carácter provincial (Avilés y Monjas, 2005; Cerezo y Esteban, 1992; Duran, 2003; Viera, Fernández y Quevedo, 1989), de carácter autonómico (Carbonell, 1999; Consejo Escolar de Andalucía, 2006; Díaz, Martínez y Martín, 2004; Garcia y Martínez, 2001; Generalitat de Catalunya, (2001); Gomez (coord), 2005; Hernández de Frutos y Casares, 2002; Lucena, 2004; Defensor del Menor de la Comunidad de Madrid, 2006; Marchesi, Pérez, Pérez y Álvarez, 2006; Ararteko, 2006; Oñate y Puñuel, 2005; Oñedera, Martínez, Tambo y Ubieta, 2005a, 2005b; Ortega 1994 y 1998; Pareja, 2002; Ramírez, 2006; Sáenz, Calvo, Fernández y Silván, 2005; Sindic de Greuges de la Comunidad Valenciana, 2006) y por último investigaciones a nivel nacional (Defensor del Pueblo, 2000, 2006; Centro Reina Sofía 2005). A continuación haremos un breve resumen de las investigaciones realizadas en el ámbito nacional.

La primera investigación se realizó en el 2000 y fue impulsada por el Defensor del Pueblo. Contó con una muestra de 3.000 estudiantes de Educación Secundaria Obligatoria, pertenecientes a 300 colegios públicos, privados y concertados. De este estudio se desprende que el maltrato por abuso de poder entre estudiantes de secundaria de nuestro país es una realidad. Del Barrio, Martín, Montero, Gutiérrez, y Fernández,

---

[4] Podemos encontrar un análisis detallado de todas las investigaciones en el último informe realizado por el Defensor del Menor.

(2006), nos resumen los resultados principales de este trabajo. Los resultados obtenidos indican una incidencia muy diferente dependiendo del tipo de maltrato: se reconocen como víctimas de violencia verbal (insultos, motes, rumores, etc.) un 33,8 %, de agresiones físicas un 4,1% y de amenazas con armas un 0,7%. Como agresores: un 40,9 % reconoce insultar, un 6,6% se reconoce en agresiones físicas, y un 0,3% en amenazar con armas.

La incidencia también varía según se identifiquen los escolares como víctimas, agresores o testigos de los abusos. El número de agresiones presenciadas por los participantes del estudio es superior a la de las agresiones protagonizadas como víctimas. Por otro lado, en determinadas formas de maltrato (por ejemplo agredir verbalmente, excluir a otros y pegar), los agresores superan a quienes se reconocen como víctimas.

En cuanto a las agresiones verbales, los chicos superan a las chicas a la hora de insultar y poner motes y ser objeto de uno y otro tipo de agresión verbal. Sin embargo, las chicas superan a los chicos en la agresión verbal indirecta que consiste en hablar mal de un tercero a sus espaldas. Si la víctima se trata de un chico, es probable que el acoso adopte la forma de insultos, motes, exclusión de las actividades, que hablen mal de él a sus espaldas, le escondan sus cosas, le peguen, y en menor medida, le intimiden con amenazas. Si es una chica, lo más probable es que hablen mal a sus espaldas, y que la ignoren.

Con respecto a los escenarios del maltrato, el patio de recreo es el escenario más frecuente para las agresiones físicas y la exclusión directa, mientras que los insultos, motes y agresiones a las propiedades se producen con mayor frecuencia en el aula.

La segunda investigación nacional fue auspiciada por el Centro Reina Sofía (Serrano e Iborra, 2005), con una muestra de 800 escolares de edades comprendidas entre los 12 y 13 años. Algunos datos a destacar son los siguientes: el 14,5 % se declara víctima de violencia escolar, en general; 17,6 % se identifica como agresor. El 17,2 % de las víctimas de violencia escolar sufre acoso, porcentaje que representa el 2,5 % del total de la muestra de encuestados.

La tercera y última investigación realizada en el ámbito nacional también ha sido encargada por el Defensor del Pueblo (2006). Los resultados obtenidos en este trabajo se compararon con los obtenidos en el informe anterior. De la comparación de ambos resultados se puede afirmar que el maltrato entre iguales por abuso de poder ha mejorado en estos últimos años. Parece que la incidencia del maltrato ha tendido claramente a disminuir, especialmente en aquellas conductas más frecuentes y menos graves. A continuación analizaremos más detalladamente los resultados obtenidos.

La muestra estaba constituida por 3.000 estudiantes de educación secundaria obligatoria o equivalente, pertenecientes a 300 centros escolares de todo el ámbito nacional. Al igual que ocurría con el informe anterior, nos encontramos con una incidencia distinta dependiendo del tipo de maltrato: se reconocen como víctimas de violencia verbal el 27%, en un porcentaje menor se encuentran los robos, intimidaciones, agresiones físicas directas y los destrozos materiales; mientras que menos del 1% ha sido víctima de chantaje, acoso sexual y amenazas con armas. Como podemos observar, existe una relación inversa entre la "gravedad" de las conductas y su nivel de incidencia.

Si comparamos estos datos con los obtenidos en el 2000, vemos que han disminuido ciertas modalidades de maltrato (insultos, motes ofensivos, esconder cosas de los otros, amenazas para meter miedo y el acoso sexual), sin embargo se mantienen en niveles similares la agresión verbal indirecta, la exclusión social activa, la agresión física directa e indirecta y las formas más graves de amenazas.

De los que se reconocen como agresores un 32,7% reconoce insultar, un 10,6% no dejar participar, un 34% pone motes ofensivos, un 5,3% pega y un 4,3% amenazan para meter miedo. Todos estos porcentajes han disminuido en relación con los obtenidos en el informe anterior. Únicamente se mantienen los que reconocen hablar mal de los otros a sus espaldas y esconder las propiedades.

En ambos informes son mayoría los alumnos y alumnas que se declaran autores de agresiones verbales, exclusión social y agresión directa.

En relación con las agresiones observadas por los testigos (aquellos alumnos que no se reconocen ni como víctimas ni como agresores), aumenta el porcentaje de los que han visto ignorar y robar, mientras que se reducen los porcentajes de los que han visto insultar o poner motes ofensivos.

En cuanto al género los chicos se declaran en mayor medida que las chicas víctimas de agresiones físicas y de recibir motes ofensivos. Sin embargo entre las chicas hay mayor porcentaje de hablar mal a las espaldas de otro.

Al igual que en el informe anterior, son mayoría las víctimas varones en 1º y 2º y menos en 4º. Los malos tratos entre escolares son más frecuentes en los primeros cursos de la ESO.

Para terminar, y siendo conscientes de la dificultad de establecer comparaciones entre los diferentes estudios, intentaremos presentar algunas conclusiones:

1. En la mayoría de las investigaciones se observa una mayor incidencia del maltrato en forma de agresión verbal, seguido de las conductas de exclusión social y de esconder propiedades, seguidas de la amenaza para intimidar. El maltrato que adopta la forma de amenazas más graves, aparece en porcentajes muy inferiores.

2. El *pico* más alto de violencia escolar se da en el segundo curso de primaria (edades comprendidas entre los ocho y nueve años), va disminuyendo progresivamente, hasta aumentar de nuevo en la preadolescencia y presentar su momento más álgido entre los 12 y 14 años. Por lo tanto, los últimos años de Primaria y los primeros de Secundaria, son los que presentan mayores índices de acoso escolar. Aunque se pueden producir variaciones cuando se tiene en cuenta los diferentes tipos de maltrato y el sexo.

3. Nos encontramos con un mayor porcentaje de víctimas que de agresores.

4. Parece que existe un consenso sobre la influencia del género: hay mayor porcentaje de alumnos agresores que de alumnas, especialmente cuando se toma la perspectiva de los agresores. Sin embargo no hay un acuerdo con respecto a las víctimas. En el estudio realizado por el Centro Reina Sofía (2005), las víctimas suelen ser mujeres y los agresores hombres.

5. Existe una relación directa entre el género y el tipo de acoso ejercido. Las mujeres utilizan la violencia verbal y emocional (la maledicencia) con más frecuencia, mientras que los hombres utilizan la violencia física. Lo anterior no significa que los hombres no utilicen la violencia verbal, ni que las mujeres no utilicen la violencia física.

6. El centro escolar es el lugar dónde con más frecuencia se producen las agresiones y, dentro del mismo, el patio y el aula son los principales lugares en donde se producen mayor número de situaciones violentas, siendo el aula el más habitual de los dos.

4. CARACTERÍSTICAS DE LOS SUJETOS

Elaborar diferentes perfiles que definan el comportamiento y las características de los alumnos implicados en este fenómeno presenta, entre otras, la dificultad de que es prácticamente imposible incluir todos los comportamientos, situaciones, características y actitudes de los sujetos que participan en este tipo de situaciones de acoso escolar. Cada alumno tiene unas características personales, particulares e intransferibles que no se pueden comparar con las de otro, de modo que podemos encontrarnos con alumnos agresores o víctimas que presenten matices comportamentales que no estén reconocidos en el perfil. Por otro lado, tampoco debemos pensar que estos sujetos deben manifestar todos los aspectos contemplados en el perfil.

Existen tantos perfiles como autores e investigaciones realizadas sobre el tema. Si bien es cierto que no hay unanimidad en las características de personalidad de agresores y víctimas, sí existen ciertas tendencias o rasgos más frecuentes, que son los que presentamos a continuación (Sevilla y Hernández, 2006).

4.1. Acosador

Comenzaremos presentando las diferentes tipologías de los alumnos agresores para posteriormente presentar un perfil más general de los mismos.

Olweus (1998), distingue tres tipos de agresores. En primer lugar, identifica al *agresor activo*, como aquel alumno que agrede estableciendo relaciones directas con las víctimas. Otro tipo de agresor es el *social indirecto* y se refiere a aquellos alumnos que dirigen, a veces en la sombra, el comportamiento de sus seguidores, a los que inducen a que comentan actos de violencia y persecución de la víctima. Finalmente, nos encontramos con el *agresor pasivo*, alumno que participan en la intimidación, pero normalmente no la inician.

En la investigación de Serrano e Iborra (2006), también se refieren a dos tipos de agresores:

1. *Directos*. Individuos que actúan solos y que se caracterizan por una tendencia a la violencia. Son impulsivos y tienen una gran necesidad de dominar al otro, necesitan reafirmarse a través del dominio y el control, también necesitan ser el centro del grupo. Tienen poca capacidad para expresar de forma verbal las emociones, físicamente suelen ser más fuertes que los demás chicos, y por último, sus relaciones familiares suelen ser conflictivas.

2. *Acosadores pasivos o secuaces*. Nunca actúan solos. Son chicos inseguros y muy ansiosos que se apoyan en la personalidad del agresor.

Y por último, Collell y Escude (2006) nos presentan dos tipologías. El *agresor dominante*, con tendencia a la personalidad antisocial, cuyos comportamientos están relacionados con la agresividad proactiva. Y un segundo tipo, el *agresor ansioso*, con una baja autoestima y niveles altos de ansiedad, y cuyas conductas agresivas están vinculadas a la agresividad reactiva. Este último grupo de sujetos tienen un sesgo atribucional hostil, manifiestan una tendencia a atribuir hostilidad a los demás, lo que les hace más vulnerables a la hora de sufrir el rechazo sistemático de sus compañeros y de convertirse en agresor-víctima o víctima.

Anteriormente señalamos que existen tantos perfiles como investigadores sobre el problema del acoso escolar, a pesar de lo cual, si analizamos las investigaciones realizadas (Avilés, 2002; Cerezo, 1997, 2001, 2006; Defensor del Pueblo, 2000; Diáz-Aguado, 2005; García Orza, 1995; Mynard y Joseph, 1997; Olweus, 1998; Ortega, 1998; Sevilla y Hernández, 2006; Slee y Rigby, 1993 y Smith, 1997), encontramos una serie de rasgos o tendencias más frecuentes, que nos pueden dar un perfil global de las características del alumno que victimiza a otro compañero:

- Temperamento impulsivo, lo que dificulta el control de la agresividad y la ira.
- Deficientes habilidades sociales para comunicar y negociar sus deseos.
- Falta de empatía y falta de sentimientos de culpa.
- Sesgos cognitivos que le llevan a interpretar las relaciones con los otros como una fuente de conflicto y agresión en su propia persona.
- No necesariamente muestra niveles bajos de autoestima.
- Generalmente son hombres y con una condición física fuerte.
- Las manifestaciones agresivas son diferentes para los chicos y chicas: en las chicos predomina la agresión directa, mientras que en las chicas predomina la agresión indirecta, psicológica o exclusión social.
- Normalmente no obtienen buenos resultados académicos, están poco integrados en el sistema escolar, con una actitud negativa hacia la escuela, y son menos populares que los alumnos bien adaptados, pero más que las víctimas.
- Establecen una dinámica relacional agresiva y generalmente violenta con aquellos que consideran débiles y cobardes.
- Se consideran líderes y sinceros.

- Son asertivos, esta asertividad puede rayar en la provocación.
- Son alumnos con altos niveles de psicoticismo y extroversión.

4.2. Víctima

Al igual que ocurría con los agresores, también encontramos diferentes tipos de víctimas (Avilés, 2001; Collell y Escude, 2006b; Serrano e Iborra, 2006):

- *Víctima activa o provocativa.* Es aquella que combina un modelo de ansiedad y una reacción agresiva, y esto es utilizado por el agresor para justificar su propia conducta. Son alumnos con problemas de concentración y tienden a comportarse con tensión e irritación. A veces se les puede considerar hiperactivos. Lo habitual es que provoque reacciones negativas en gran parte de sus compañeros.
- *Víctima pasiva o sumisa.* Es la más frecuente, y se trata de alumnos tímidos e inseguros que se caracterizan por tener un patrón de reacción sumiso o evitativo, por la tendencia a la depresión, la baja autoestima, la carencia de relaciones sociales dentro del ambiente escolar, alguna discapacidad física o psíquica, y un aspecto físico que no corresponde con los cánones de belleza de esta sociedad.
- *Víctimas inespecíficas.* Alumnos que el grupo considera que son diferentes, por alguna discapacidad, porque no cumplen los cánones de belleza, etc.

Un perfil más global de las características de las víctimas, obtenido a partir de los resultados de las diferentes investigaciones (Avilés, 2002; Cerezo, 1997, 2001, 2006; Defensor del Pueblo, 2000; García Orza, 1995; Mynard y Joseph, 1997; Olweus, 1998; Ortega, 1990, 1994, 1998; Slee y Rigby, 1993 y Smith, 1994) sería el siguiente:

- A diferencia de lo que ocurría con los agresores, el papel de víctima se reparte en proporciones iguales entre chicos y chicas.
- Son débiles, inseguras, ansiosas, cautas, sensibles, tranquilas, tímidas y con bajos niveles de autoestima.
- Suelen tener una complexión débil, y en ocasiones algún tipo de hándicap.
- Viven sus relaciones interpersonales con un alto grado de timidez, lo que en ocasiones les puede llevar al retraimiento y al aislamiento social. Esto favorece el rechazo de sus compañeros.

- No suelen tener amigos en clase y les resulta muy difícil hacerlos. Son las menos populares de la clase.
- Se autoevalúan como poco sinceras, lo que significa, que muestran una considerable tendencia al disimulo.
- Tienen una opinión de sí mismas y de su situación muy negativa.
- Tienen puntuaciones altas en neuroticismo, junto con altos niveles de ansiedad e introversión. Como podemos ver, son características opuestas a las de los agresores.

Parece que víctimas y agresores reúnen una serie de características que propician el mantenimiento de las dinámicas de victimización, lo que parece evidenciar que existen dimensiones de personalidad específicas para los agresores y que difieren significativamente de las asociadas a las víctimas (Cerezo, 2001).

4.3. Espectadores

Para Olweus (1993), la falta de apoyo social de los compañeros hacia las víctimas es el resultado de la influencia que los agresores ejercen sobre los demás. Esta influencia puede ir en dos direcciones. A veces se produce un contagio social que inhibe la ayuda e incluso fomenta la participación en actos intimidatorios por parte del resto de los compañeros. Y en otras ocasiones, lo que ocurre es que el espectador tiene miedo a ser incluido dentro del círculo de victimización y convertirse en blanco de las agresiones, lo que le impide que, aunque sienta que debe hacer algo, no lo haga. Esta pasividad por parte de los compañeros favorece la dinámica del acoso escolar.

En una situación de acoso hacia un estudiante se ponen en funcionamiento una serie de mecanismos sociopsicológicos que nos pueden ayudar a entender por qué ciertos estudiantes que normalmente no son violentos participan en este tipo de situaciones:

- Contagio social.
- Control e inhibición deficiente ante las tendencias agresivas.
- Responsabilidad difusa.
- Cambios cognitivos graduales en la percepción del acoso y de la víctima.

Sabemos que víctimas y agresores son los principales actores en la configuración del acoso, si bien, como ya hemos señalado, los espectadores también juegan un papel importante. Estos pueden mostrar diferentes actitudes y reacciones hacia una situación de acoso. Olweus (2001), explica los diferentes roles de los alumnos ante las situaciones de acoso:

- El que empieza el acoso y adopta un papel activo.
- Seguidor secuaz: alumno que no empieza el acoso pero sí adopta un papel activo.
- Seguidor pasivo: alumno que apoya el acoso pero no adopta un papel activo.
- Seguidor pasivo, posiblemente acosador: le gusta el acoso pero no lo muestra abiertamente.
- Testigo no implicado: observa lo que ocurre pero considera que "no es asunto suyo", no adopta ninguna postura.
- Posible defensor: le disgusta la situación y cree que debería ayudar, pero no lo hace.
- Defensor de la víctima: le disgusta la situación y ayuda o trata de hacerlo.

5. FACTORES DE RIESGO

Cuando hablamos de factores de riesgo nos referimos a aquellas características (personales, familiares, escolares, sociales o culturales) cuya presencia hace que aumente la probabilidad de que se produzcan determinados fenómenos; en el caso que nos ocupa, el fenómeno es el acoso escolar. Lo habitual es que los riesgos para el acoso escolar se identifiquen comparando a los agresores y las víctimas con aquellos alumnos que no están implicados en este tipo de comportamiento. El problema estriba en que la mayoría de los estudios sobre acoso y violencia escolar son transversales y no longitudinales, lo que nos impide saber si los factores preceden al acoso o son una consecuencia del mismo. Por lo tanto, muy pocos factores de riesgo del acoso escolar se han demostrado consistentemente.

Los factores de riesgo que potencialmente pueden intervenir en el acoso escolar son muy numerosos y variados. La violencia puede ser expresión de factores relativamente independientes de la escuela: variables personales, influencia de la familia o del grupo de amigos, problemas de relación, etc. También puede estar condicionada por la estructura escolar y sus métodos de enseñanza-aprendizaje, así como por todo un conjunto de factores políticos, económicos y sociales (Avilés, 2000; Defensor del Pueblo, 2000; Ortega y Mora, 2000; Palomero y Fernández, 2001; Serrano, 2006; Serrano e Iborra, 2005). Lo cierto es que en la mayoría de las ocasiones posiblemente interviene más de un factor, pues existe una conexión muy estrecha entre factores sociales, familiares, escolares y personales en el origen del acoso escolar. A continuación analizaremos algunos de los factores que consideramos más importantes.

5.1. Factores individuales

Algunas características personales pueden ser factores de riesgo pues en determinadas circunstancias, aumentan la probabilidad de que los agresores se comporten de manera violenta con sus compañeros. Algunas de estas características se pueden modificar, por ejemplo, la baja empatía, mientras que otras no se pueden cambiar, por ejemplo, el sexo y la edad.

Los acosadores tienen una personalidad agresiva, unos mecanismos débiles de inhibición de la agresión y una actitud favorable hacia la violencia. Son egocéntricos (Serrano, 2006), impulsivos, con dificultades para el autocontrol y con conductas desafiantes y culpabilizadoras (Crick y Grotpeter, 1995; Serrano, 2006), con una baja empatía (especialmente empatía afectiva), y fracaso escolar, lo que les puede llevar al absentismo y abandono escolares. El consumo de alcohol y otras sustancias adictivas, es otro factor que favorece los comportamientos agresivos.

Por el contrario, una baja autoestima, pocas habilidades sociales para relacionarse con otros niños, rasgos físicos distintos (minorías étnicas, raciales y culturales) o algún tipo de discapacidad, pueden ser características personales que aumentan la probabilidad de que un niño sea víctima de acoso escolar[5].

Determinados trastornos psicopatológicos también son importantes factores de riesgo para este tipo de comportamientos. Collell y Escude (2006, 2005), señalan que los chicos y chicas implicados en el rol de agresor presentan trastornos de conducta externalizada e hiperactividad. Los principales problemas psicopatológicos que podemos encontrar entre los

---

[5] OLWEUS (1993, 1998), cree que las desviaciones externas no explican el ataque de los agresores, ya que una amplia población que se queda al margen de los fenómenos de victimización se caracteriza por estas desviaciones externas. Considera que las desviaciones no son la causa, que más bien tienen un papel mediador, pero no decisivo a la hora de agravar, desarrollar, salir o solucionar el problema.

agresores son: trastornos de conducta (Kumplalainen et al., 1998; Olweus, 2001; Schwarz, 2000), trastorno por déficit de atención con hiperactividad (trastorno más común entre el grupo de agresores), trastorno negativista desafiante y trastorno disocial, trastorno del control de los impulsos (trastorno explosivo intermitente) y finalmente, los trastornos adaptativos (trastorno adaptativo con alternación mixta de la emoción y de la conducta) (Collell y Escudé, 2006b; Serrano, 2006; Centro Reina Sofía, 2005).

Entre los factores psicopatológicos que encontramos en las víctimas están: trastornos mentales leves, trastornos afectivos, trastorno por déficit de atención con hiperactividad y trastorno desafiante (Serrano e Iborra, 2005).

5.2. Factores familiares

La familia es el primer entorno en el que el niño adquiere normas de conducta y de convivencia, en el que se va formando su personalidad y, por tanto, es fundamental para su ajuste personal, escolar y social.

De los factores familiares que favorecen la probabilidad de que el acosador se comporte de manera agresiva nos gustaría destacar (Centro Reina Sofía, 2005; Olweus, 1998; Ortega y Rey, 2005; Palomero y Fernández, 2001; Serrano, 2006): los conflictos familiares en general[6] y los modos en que se manejan, los estilos de crianza deficitarios e inadecuados[7], una relación negativa entre progenitor e hijo (los niños con un vínculo de apego inseguro, cuyos padres tienen actitudes más negativas hacia ellos), familias disfuncionales, poco tiempo compartido en familia, y pobres o escasos canales de comunicación.

En relación con las víctimas, los factores familiares de riesgo son muy similares a los de los agresores: familia disfuncional, poca comunicación familiar y prácticas de crianza autoritarias o negligentes. Por su parte, Olweus (1993) considera que la sobreprotección de los padres puede ser a la vez causa y efecto del acoso escolar. Una de las consecuencias de esta sobreprotección es que los hijos no tienen experiencias de

---

[6] Nos referimos a todos los conflictos dentro del sistema familiar: entre padres, entre padres e hijos y entre hermanos.

[7] Métodos de disciplina autoritarios, duros, inconsistentes y punitivos, en los que se aprende que el más fuerte ejerce el poder y que no es necesario recurrir al diálogo o a la negociación para resolver conflictos, o por el contrario, métodos de disciplina permisivos o negligentes, lo que hace, que los niños vivan desde el principio del placer y que con frecuencia reaccionen con violencia ante las frustraciones y las exigencias de la realidad.

confrontación, por lo que cuando se encuentran con una situación de prepotencia o abuso por parte de otros compañeros, tienen muchas dificultades para enfrentarse a ella (Ortega, 1998).

Finalmente, quisiéramos señalar cómo la teoría del apego[8] y la teoría de la mente, explican el que un alumno se comporte de forma sostenida como víctima o agresor escolar.

La teoría del vínculo de apego "explica la indefensión psicológica de la víctima y la agresión injustificada del violento en términos de activación de un modelo de trabajo interno irritable, impredecible desde el cual el sujeto tienen dificultades para evaluar la situación social tal y como es realmente y tiende a hacer lecturas erróneas, y emocionalmente ansiosas de lo que acontece entre el y los demás" (Ortega y Rey, 2005, p. 236).

Desde la teoría de la mente[9] se ha demostrado que los acosadores son buenos estrategas cognitivos, son hábiles a la hora de manipular los sentimientos ajenos, son capaces de percibir los detalles de sus actos y, por tanto, tienen la capacidad de reconocer el dolor ajeno, sin embargo, tienen muy poca capacidad de empatía sentimental (Ortega y Rey, 2005).

5.3. Factores escolares

La escuela juega un papel muy importante en la génesis de la violencia escolar, y por tanto, del acoso entre escolares. De una forma general,

---

[8] Los estudios sobre el vínculo de apego parten del supuesto fundamental según el cual el ser humano necesita establecer vínculos afectivos incondicionales y duraderos para garantizar la supervivencia y obtener la necesaria seguridad emocional. A medida que los niños van interactuando con sus cuidadores principales (normalmente el padre y la madre), desarrollan modelos operativos internos (representaciones cognitivas de sí mismos y de los demás), que usan para interpretar situaciones y elaborar expectativas acerca de las características de las relaciones humanas.
Si el adulto responde con sensibilidad y consistencia a las demandas de atención del niño, le ayuda a desarrollar la confianza básica en su propia capacidad para atreverse y conquistar nuevos desafíos. Esto hace que el niño se vea a sí mismo como una persona valiosa y digna de ser amada. La seguridad que proporciona el *vínculo de apego seguro* le permite desarrollar una imagen positiva de sí mismo y de los demás, que le ayudan a aproximarse al mundo con confianza, afrontar dificultades con eficacia, y obtener ayuda de los demás o proporcionársela. Si por el contrario, el niño aprende que no puede esperar cuidado ni protección (apego resistente, evitativo o desorganizado), desarrolla una visión negativa del mundo y responde a él con retraimiento y violencia.
[9] La teoría de la mente tiene su origen en la psicología cognitiva, y considera que las personas desarrollamos a la vez un concepto de nosotros mismos y una interpretación psicológica de los demás.

se puede decir que la calidad del clima educacional y social de las escuelas y, sobre todo del aula, influye muy significativamente sobre la violencia, en otras palabras, la organización y la gestión de los centros educativos son muy importantes en la emergencia de este fenómeno. La escuela con su forma de actuar puede fomentar la competitividad y los conflictos entre sus miembros, o favorecer la cooperación de todos. La organización del centro, el currículo, los estilos de gestión, los métodos y estilos de enseñanza y aprendizaje, la estructura cooperativa o competitiva, la forma de organizar los espacios y el tiempo, los valores que se fomentan o critican, las normas y los reglamentos, y, sobre todo, el modo en que el profesorado resuelve los conflictos y los problemas, son elementos muy importantes en la prevención del acoso escolar (Palomero y Fernández, 2001).

Concretando un poco más, se puede señalar que entre los factores escolares que favorecen el comportamiento agresivo están: las políticas educativas que no sancionan adecuadamente las conductas agresivas, los contenidos excesivamente academicistas y la ausencia de transmisión de valores, la transmisión de estereotipos sexistas en las prácticas educativas, la ausencia de planes para atención a la diversidad, la problemática del profesorado (vulnerabilidad psicológica, carencia de competencias para el control de la clase) y finalmente, la ausencia de la figura del maestro como modelo (Avilés, 2000; Centro Reina Sofía, 2005; Serrano, 2006).

También existen una serie de factores escolares que aumentan la probabilidad de que un alumno sea víctima de acoso escolar: la ley del silencio[10], poca participación en actividades de grupo, pocas relaciones con sus padres, poca comunicación entre alumnos y profesores, y por último, la ausencia de la figura de autoridad de referencia en el centro escolar.

Resumiendo, podemos decir que existen tres grandes factores que podrían aumentar el riesgo de ser un alumno sea agresor o víctima en las situaciones de acoso escolar (Smith, 1997):

- La ausencia de un lazo emocional cálido entre padres y madres y, en general, en el grupo familiar.
- El uso de la violencia física o psicológica en la familia.

---

[10] El agresor exige silencio a la víctima, o ésta se lo autoimpone por temor a las represalias. Los observadores también callan por miedo, por cobardía o por no ser acusados de chivatos.

- Y por último la ausencia de normas, guías y controles, por parte del adulto.

5.4. Factores socioculturales

A continuación consideraremos algunos de los factores sociales y culturales que favorecen tanto la aparición como el mantenimiento de las conductas de acoso y amenaza entre escolares.

Si tenemos en cuenta que vivimos en una sociedad en la que la presencia de las pantallas[11] es cada vez más fuerte y en las que se nos bombardea constantemente con todo tipo de imágenes violentas (García Galera, 2000; Sanmartin et. al, 1998), podemos hacernos una idea de la posible influencia de los medios de comunicación en la adquisición y mantenimiento de determinados comportamientos violentos. Los medios de comunicación y más concretamente la televisión, nos presentan modelos carentes de valores, la calidad educativa y cultural de la programación es baja, con una alta presencia de contenidos violentos en los programas de televisión y un tratamiento sensacionalista de las noticias con este tipo de contenido. Por otro lado, la televisión presenta la violencia como algo "cotidiano y normal", para resolver conflictos, y también, nos presenta a los violentos como ganadores y dominadores de los demás, esto hace que los niños y jóvenes aprendan la violencia, a través del modelado. El segundo factor de riesgo al que queremos referirnos es una situación económica desfavorecida; el tercer factor está relacionado con los estereotipos sexistas instalados en la sociedad; y por último, un cuarto factor de riesgo a señalar es la justificación social de la violencia como medio para conseguir un objetivo (Avilés, 2000; Palomero y Fernández, 2001; Serrano, 2006).

6. Consecuencias

En relación con las consecuencias que puede tener esta forma de abuso para las víctimas, es necesario diferenciar entre los efectos inmediatos y los efectos a largo plazo. Mientras que son muchos los estudios que analizan los efectos inmediatos del maltrato, son muy pocos los que se centran en las consecuencias a largo plazo (Van der Meulen et al., 2003).

---

[11] Cine, televisión, internet, videojuegos, consolas, etc.

Para poder estudiar las consecuencias a largo plazo se utilizan dos métodos diferentes: estudios longitudinales y estudios retrospectivos. Dado que el acoso escolar es un tema relativamente nuevo existen muy pocos estudios longitudinales. Uno de ellos es el realizado Olweus en 1993, durante siete años en Noruega. Los resultados mostraron una relación entre la experiencia de ser victimizado a los 15-16 años y un nivel superior de depresión a los 23 años.

A pesar de las dificultades[12] que tienen, los estudios retrospectivos son un buen método para obtener la visión de los adultos sobre sus experiencias de victimización durante su pasado escolar. No sólo se pueden estudiar los efectos a largo plazo sobre la sensación de bienestar psicológico sino que también se pueden estudiar entre otros aspectos, los tipos de maltrato que tienen peores consecuencias, a qué edad es más dañino el maltrato, cómo influye en los estudios posteriores y en el trabajo, qué estrategias de resolución tuvieron un efecto más positivo, etc. (Van der Meulen et al., 2003).

Gilmartin (1987) fue el primero en utilizar este método y encontró que el pasado de victimización tenía como consecuencia hábitos de evitación social. Mamatsui et al. (1996) concluyeron que la experiencia de ser víctima de acoso escolar en secundaria, disminuía aun más la baja autoestima y la depresión en los chicos. Y por último, Hugh-Jones y Smith (1999) demostraron que aquellos adultos que tartamudeaban cuando eran niños y que habían sido maltratados por ello, tenían dificultades para hacer amigos, nerviosismo y sentimientos de aislamiento.

Finalmente, en el estudio realizado por Van der Meulen et al. (2003) se obtuvieron, entre otros, los siguientes resultados:

- El haber sido víctima de acoso por parte de los iguales durante el periodo escolar está relacionado con aprender a no hacerlo a otras personas, pero también con la pérdida de autoconfianza y autoestima.
- La situación de victimización lleva a las mujeres a un autoaislamiento social en la edad adulta (se refleja en los sentimientos de soledad), sobre todo, si el tipo de maltrato sufrido fue la exclusión social.
- En los hombres, la exclusión social y las amenazas verbales sufridas en primaria se relacionan con sentimientos de soledad y con una menor autoestima en relación con las mujeres.

---

[12] Algunos autores, ponen en duda de la veracidad del recuerdo obtenido con este método pues depende de los informes que los propios participantes proporcionan.

- Por último, la exclusión social vivida en primaria y en secundaria se relaciona con un cierto grado de trauma posterior en los hombres.

6.1. Consecuencias para la víctima

A la hora de analizar las consecuencias del acoso sistemático en las víctimas, Collell y Escudé (2006) diferencian entre los efectos que reflejan un funcionamiento por debajo de lo que sería deseable (sentimientos de infelicidad, bajo nivel de confianza y autoestima, desajuste escolar, bajo rendimiento académico, etc.) y otros estados psicológicos más estresantes como pueden ser altos nieles de ansiedad, depresión e ideación suicida. También diferencian las consecuencias dependiendo del tipo de acoso, el acoso físico suele desarrollar atribuciones externalizantes, el acoso verbal puede provocar la internalización de los aspectos negativos que le atribuyen los compañeros, y por último, el acoso relacional parece ser el que tienen efectos más perniciosos ya que transmite a la víctima la idea de ser invisible a los otros, se le niega la propia existencia como persona.

Ortega (1998) señala que la humillación de ser considerado un débil y marginado, produce en la víctima un daño físico, psicológico y moral muy grave. Su autoestima se devalúa y la imagen de sí mismo se deteriora, lo que le lleva al alumno a aislarse, afectando por tanto, a su rendimiento escolar. Por otro lado, algunas víctimas aprenden que la única forma de sobrevivir es convertirse en sujetos violentos y desarrollar actitudes de maltrato hacia otros.

A continuación indicamos algunas de las múltiples consecuencias o efectos a corto plazo que produce el acoso escolar, en el alumno que está siendo víctima del mismo: sentimientos de inferioridad, miedo, altos niveles de ansiedad y tensión (se puede manifestar como dolores de cabeza, de estómago, pesadillas y ataques de ansiedad, etc.), trastornos del comportamiento social (rabietas, negativismo, timidez, fobias y miedos hacia la escuela, que con frecuencia se traducen en deseos de absentismo escolar y fugas), depresión, sentimientos de inseguridad, baja autoestima, desprecio por sí mismo, aislamiento y soledad, bajo rendimiento escolar y, en algunos casos, fracaso escolar y nulas o pocas relaciones sociales (Avilés, 2000; Centro Reina Sofía, 2005; Cerezo, 1997; Díaz-Atienza et al., 2004; Mora-Merchán, 2006).

En relación con las consecuencias a medio y largo plazo podemos destacar: abandono definitivo de la vida escolar, aparición de psicopatologías o trastornos emocionales, estrés postraumático, desconfianza en los demás, en casos extremos, ideas de suicidio y en ocasiones, la víctima puede convertirse en agresor. Olweus (1993) señala que cuando la victimización se prolonga, se manifiestan síntomas clínicos que se pueden encuadrar en cuadros de neurosis, histeria y depresión.

Todos estos efectos se agravan si tanto los procesos de victimización como el estatus de los implicados se mantienen a lo largo de su historia educativa. Además, en algunos casos, todas estas consecuencias suponen una exageración de los rasgos que les llevaron a ser objeto del ataque de sus compañeros (de los factores de riesgo que hemos analizado en el apartado anterior), lo que hace que se establezca un círculo vicioso del que es difícil salir sin ayuda del exterior.

Aunque estos trabajos no indican si los rasgos o trastornos que sufren las víctimas son causa o efecto de las experiencias de abuso, existe un pequeño número de investigaciones longitudinales que muestran evidencias de la influencia de las experiencias de victimización en la aparición de estas características (Mora-Merchan, 2006).

6.2. Consecuencias para el agresor

Una de las principales consecuencias para el agresor es que se refuerzan sus actitudes abusivas y que se transfieren estos comportamientos a otras situaciones sociales (Ortega, 1998). Estos individuos crecen con la convicción de que las normas están para saltárselas y que no cumplirlas les puede proporcionar cierto prestigio social. A su vez, aumentan los problemas que le llevaron a abusar de su fuerza: disminuye su capacidad de comprensión moral así como su capacidad para la empatía, y se refuerza un estilo violento de interacción lo que representa un grave problema para su propio desarrollo, ya que le impide establecer relaciones positivas con el entorno que le rodea.

Entre las consecuencias a corto y medio plazo para el agresor podemos señalar las siguientes: se refuerza un estilo de respuesta agresivo, también se refuerzan las distorsiones cognitivas que hay en la base de su conducta, problemas de rendimiento escolar, tendencia a implicarse en los actos de conducta disocial y por último se refuerza la violencia como un estilo de vida (Avilés, 2000; Centro Reina Sofía, 2005).

Por otro lado, algunas consecuencias a medio y largo plazo para el acosador serían (Centro Reina Sofía, 2005): el establecimiento de relaciones futuras basadas en conductas de abuso de poder, la tendencia a comportarse disocialmente y por último la probabilidad de convertirse en una agresor intrafamiliar.

6.3. Consecuencias para los espectadores

En las personas que no participan directamente de la violencia pero que conviven con ella sin hacer nada para evitarla, las situaciones de acoso escolar pueden producir, aunque en menor grado, problemas parecidos a los que se dan en la víctima o en el agresor. Por otro lado, la observación por parte de los espectadores de este tipo de conductas violentas contribuye a que aumente la falta de sensibilidad, la apatía y la insolidaridad respecto a los problemas de los demás, características que aumentan el riesgo de que sean en el futuro protagonistas directos de la violencia. Se aprende a no implicarse, a pasar por alto estos sucesos y a callar ante el dolor ajeno (Ortega, 1998).

7. Detección e intervención

La detección del acoso escolar es muy importante pues nos ayuda en primer lugar, a determinar si estamos hablando de un problema real o imaginario; en segundo lugar, evita que los casos se agudicen; en tercer lugar, nos ayuda a dar una atención adecuada a víctimas, agresores y espectadores; y por último, convierte a los implicados en el conflicto en parte de la solución del mismo (Serrano, 2006).

A continuación expondremos algunos de los indicadores elaborados por diferentes autores para detectar las situaciones de acoso (Cerezo, 2001; Collell y Escudé, 2004; Fernández y Hernández, 2005; Olweus, 1998; Serrano, 2005). Un indicador por sí sólo no nos dice que se esté produciendo una situación de acoso escolar, simplemente es una señal de alarma. Lo que sí nos puede confirmar que se está produciendo una situación de acoso es la suma de varios indicadores observados tanto por los profesores como por los padres (Serrano, 2006).

7.1. Indicadores para los padres

Las señales psicológicas, físicas, interpersonales y escolares que nos pueden indicar que nuestro hijo está siendo víctima de acoso escolar son las siguientes:

- Cambios en el estado de ánimo[13], se muestra triste, deprimido, se aísla de la realidad, está irritado, etc.
- Pasa muchas horas solo y no frecuenta a sus amigos, abandona bruscamente actividades que antes realizaba con el grupo de amigos y tiene muy pocas o ninguna relación con los compañeros de su instituto.
- Cambio de actitud hacia las tareas escolares. Evita ir al colegio, o se excusa para faltar a clase, habla poco o nada de sus actividades en el centro escolar y /o evita cualquier pregunta al respecto, su rendimiento escolar ha empeorado, sale de casa con el tiempo justo para llegar a clase y así no tiene que interactuar con sus compañeros fuera de clase, y por último, presenta síntomas psico-somáticos (dolor de cabeza, vómitos, dolor de estómago, etc.).
- Alteraciones en el sueño (grita, tiene pesadillas) y del apetito (pierde el apetito o vuelve a casa con hambre porque le han quitado el bocadillo).
- Comenta que se le pierden a menudo los útiles escolares, o el dinero.
- Presenta moratones o heridas y llega a casa con la ropa rasgada.

A continuación exponemos aquellos indicadores a los que los padres deben prestar atención para saber si su hijo puede estar comportándose de forma violenta en el centro escolar:

- No es capaz de ponerse en el lugar del otro (falta de empatía), es egocéntrico.
- No cumple las normas, quiere tener siempre la última palabra, es prepotente con sus hermanos o su círculo de amigos más cercano, dominante en la relaciones con sus amigos y disfruta mofándose y humillando a sus amigos cada vez que puede.
- Habla despectivamente de algún compañero y ha recibido varias llamadas de atención por peleas con sus compañeros.

7.2. Indicadores para el profesorado

En el centro escolar los profesores, tutores o psicopedagogos deben prestar atención a lo siguiente:

---

[13] Más de lo normal si está en el periodo adolescente.

- En clase. Pasa mucho tiempo solo o siempre con el mismo amigo, se muestra inquieto y nervioso, empieza a faltar a clase de forma continuada, sale solo de la clase durante un periodo frecuente de tiempo, sale el último o primero de la clase frecuentemente, se relaciona poco o nada con los compañeros de clase, siempre prefiere trabajar en solitario, entra en el recreo con golpes o moratones, se muestra muy nervioso al intervenir en clase y sus compañeros se mofan de el cuando participa.
- Fuera de clase. Se muestra inquieto y nervioso, presenta cambios en el estado de animo, se muestra deprimido, solitario o siempre acompañado de la misma persona, suele tener problemas con el mismo grupo de alumnos y evita encontrarse con determinados compañeros de clase (Serrano, 2005).

Los indicadores para reconocer si un alumno o alumna es violento en el centro escolar son:

- En clase. Disfruta riéndose de sus compañeros cuando participan, suele saltarse las normas, es rebelde ante las llamadas de atención, desvía continuamente la atención de la clase hacia el y evade sus responsabilidades.
- Fuera de clase. Es rebelde y transgrede las normas, prepotente y poco reflexivo, es agresivo por norma, disfruta mofándose y humillando a su grupo de iguales, impone su punto de vista y siempre quiere llevar la razón, es dominante en las relaciones con los iguales, presume de sus acciones violentas, busca la complicidad de los demás, no se pone en el lugar del otro y nunca o pocas veces acepta que es responsable de sus actos y pide disculpas (Serrano, 2005).

8. CONCLUSIONES

El problema del acoso escolar no es algo nuevo ni aislado, es un fenómeno común en nuestras escuelas. No obstante, es importante no alarmar, no confundirlo con cualquier situación de violencia que se pueda vivir en el centro educativo y por tanto, delimitar muy claramente lo que es el acoso escolar, ya que, en la medida en que seamos capaces de delimitarlo, estaremos en condiciones de posicionarnos, frenarlo e intervenir.

Hemos visto cómo la violencia entre escolares es destructiva para todos. Para los agresores, porque perpetúan un modelo de interacción violento que destruye sus posibilidades de integración social. Para las víctimas, porque afecta gravemente al desarrollo de su personalidad. Para el resto de los escolares, porque crecen en un clima de temor, y terminan creyendo en la ley del más fuerte, lo que aumenta la probabilidad de que en un futuro se conviertan en posibles agresores. Y para el profesorado, porque dificulta enormemente su labor educativa.

Por tanto, es necesario tomar conciencia de la gravedad del fenómeno e intentar que todos los agentes implicados, familia, escuela y sociedad, trabajen en una misma dirección y conjuntamente para que no se vuelvan a repetir situaciones tan graves como las vividas en estos últimos años.

9. BIBLIOGRAFÍA

ARARTEKO (2006), *Convivencia y conflicto en los centros escolares.* Informe elaborado por E. Martín, J. F. Mújica, K Santiago, A. Marchesi, E. M. Pérez, A. Martín y N. Álvarez. Vitoria-Gasteiz: Publicaciones del Ararteko.

AVILÉS, J. (2002), *Intimidación y maltrato entre el alumnado.* Murcia: STEE-EILAS. [Versión electrónica disponible en: http://www.stee-eilas.org/DOK/arloak/lan_osasuna/gaiak/Bullying/bullyingCAST.pdf] Fecha de consulta: 8 de diciembre de 2007.

AVILÉS, J. M.ª (2006), *Bullying: el maltrato entre iguales. Agresores, víctimas y testigos en la escuela.* Salamanca: Amarú Ediciones.

AVILÉS, J. M.ª y MONJAS I. (2005), Estudio de la incidencia de la intimidación y el maltrato entre iguales en la educación secundaria obligatoria mediante el cuestionario.

CIMRI (Avilés, 1999), Cuestionario sobre Intimidación y Maltrato entre Iguales. *Anales de Psicología,* 21(1), 27-41

DEL BARRIO, C., VAN DER MEULEN, K. y BARRIOS, A. (2006). Otro tipo de maltrato: el abuso de poder entre escolares. *Bienestar y Protección Infantil,* 1(3), 37-69.

DEL BARRIO, C., MARTÍN, E., MONTERO, I., GUTIÉRREZ, H. y FERNÁNDEZ, I. (2003), La realidad del maltrato entre iguales en los centros de secundaria españoles. *Infancia y aprendizaje,* 26(1), 25-47.

CARBONELL, J. L. (Ed.) (1999), *Programa para el desarrollo de la convivencia y la prevención de la violencia escolar. Materiales de apoyo al programa Convivir es vivir (vols. 1-4).* Madrid: Dirección Provincial del Ministerio de Educación y Cultura. [Versión electrónica disponible en: http://www.el-refugioesjo.net/hostigamiento/convivencia.pdf]. Fecha de consulta: 5 de febrero de 2006.

CENTRO REINA SOFÍA (2005), Violencia entre compañeros en la escuela, Informe de Ángela Serrano e Isabel Iborra, Valencia: Centro Reina Sofía para el Estudio de la Violencia, serie Documento 9, Valencia. [Versión electrónica disponible en: http://www.elpais.es/elpaismedia/ultimahora/media/200509/29/sociedad/20050929elpepusoc_1_Pes_PDF.pdf#search=%22%20%22serrano%22%20iborra%202005%22] Fecha de consulta: 5 de febrero de 2006.

CEREZO, E. y ESTEBAN, M. (1992), "La dinámica Bully-víctima entre escolares. Diversos enfoques metodológicos" *Revista de Psicología Universitas Tarraconenses, 14(2)*, 131-145.

CEREZO , F. (1997), *Conductas agresivas en la edad escolar*. Madrid: Pirámide.

CEREZO , F. (2001), Variables de personalidad asociadas en la dinámica *bullying* (agresores *vesus* víctimas) en niños y niñas de 10 a 15 años. *Anales de Psicología*, 17(1), 37-43.

CEREZO , F. (2006), Análisis comparativo de las variables socioafectivas diferenciales entre los implicados en bullying. Estudio de un caso de víctima-provocador. *Anuario de Psicología Clínica y de la Salud*, 2, 27-34.

COLLELL, J. y ESCUDÉ, C. (2004), El maltrato entre alumnos/as (Bullying). Guía para las familias. [Versión electrónica disponible en: http://www.xtec. net/~jcollell/Z5Consells1.htm] Fecha de consulta: 20 de julio de 2007.

COLLELL, J. y ESCUDÉ, C. (2006), El maltrato entre iguales en la escuela (bullying) como factor de riesgo de trastornos psicopatológicos. En Doménech-Llaberia (coord.) *Actualizaciones en psicología y psicopatología de la adolescencia* (pp. 201-220). Ballaterra: Universitat autónoma de Barcelona, Server de Publicacions.

COLLELL, J. y ESCUDÉ, C. (2006), El acoso escolar: un enfoque psicopatológico. *Anuario de Psicología Clínica y de la Salud [On line]*, 2, 9-14. [Versión electrónica disponible en: www.us.es/apcs]. Fecha de consulta: 5 de julio de 2007.

CONSEJO ESCOLAR DE ANDALUCÍA (2006), *Encuesta a representantes de la Comunidad Educativa sobre el estado de la Convivencia en los centros educativos*. Consejo Escolar de Andalucía. Consejería de Educación de la Junta de Andalucía.

CRACK, N. R. y GROTPETER, J. K. (1995), Relational agresión, gender and social psychological adjustment. *Child Development*, 66, 710-722.

DEFENSOR DEL MENOR DE LA COMUNIDAD DE MADRID (2006), *Convivencia, conflictos y educación en los centros escolares de la Comunidad de Madrid*. Elaborado por A. Marchesi, E. Martín, E. M. Pérez y T. Díaz. Madrid: Publicaciones del Defensor del Menor de la Comunidad de Madrid.

DEFENSOR DEL PUEBLO (2000), *Informe sobre violencia escolar: el maltrato entre iguales en la educación secundaria obligatoria*. Elaborado por C. del Barrio, E. Martín, I. Montero, L. Hierro, I. Fernández, H. Gutierrez y E. Ochaíta, por encargo del Comité Español de UNICEF. Madrid: Publicaciones de la Oficina del Defensor del Pueblo. [Versión electrónica disponible en: http://www.defensordelpueblo.es/informes/espec99/maininfoal.html]. Fecha de consulta: 5 de febrero de 2007.

DEFENSOR DEL PUEBLO (2006), *Violencia Escolar: el maltrato entre iguales en la Educación Secundaría Obligatoria 1999-2006 (Nuevo Estudio y actualización del Informe 2000)*. Elaborado por C. del Barrio, M.ª A. Espinosa, E. Martín, E. Ochaíta, A. Barrios, M.ª J. de Dios, H. Gutierrez y I. Montero. Madrid: Publicaciones de la Oficina del Defensor del Pueblo [Versión electrónica disponible en http://www.defensordelpueblo.es/index.asp?destino=informes2.asp] Fecha de consulta: 10 de septiembre de 2007.

DÍAZ-ATIENZA, F., PRADOS CUESTA, M. y RUIZ-VEGUILLA, M. (2004), Relación entre las conductas de intimidación, depresión e ideación suicida en los adolescentes. Resultados preliminares. *Revista de Psiquiatría y Psicología del Niño y del Adolescente*, 4(1), 10-19.

DÍAZ-AGUADO, M. J. (2005), La violencia entre iguales en la adolescencia y su prevención desde la escuela. *Psicothema*, 17(4), 549-558.

DÍAZ-AGUADO, M. J., MARTÍNEZ ARIAS, R. y MARTÍN SEOANE, G. (2004), *Prevención de la violencia y lucha contra la exclusión desde la adolescencia. Volumen uno. La violencia entre iguales en la escuela y en el ocio. Estudios comparativos e instrumentos de evaluación.* Madrid: Instituto de la Juventud. [Versión electrónica disponible en: http://mariajosediaz-aguado.tk/] Fecha de consulta: 10 de septiembre de 2007.

DURÁN, A. (2003), *La agresión escolar en los centros de segundo ciclo de la ESO de Granada capital y su provincia.* Tesis doctoral no publicada. Granada: Universidad de Granada.

FERNÁNDEZ, I. y HERNÁNDEZ, I. (2005), *El maltrato entre escolares. Guía para padres.* Edita: Defensor del Menor de la Comunidad de Madrid. [Versión electrónica disponible en: http://www.dmenor-mad.es/pdf/publicaciones/el_maltrato_entre_escolares__padres.pdf]. Fecha de consulta: 10 de septiembre de 2007.

FERNÁNDEZ MARÍN, F., HINOJO LUCENA, F. J. y AZNAR DÍAZ, I. (2004), Grado de incidencia del maltrato entre compañeros/as en un centro educativo de Educación Primaria. *Revista de Ciencias de la Educación,* 197, 27-45.

GARCÍA GALERA, M.C. (2000), *Televisión, violencia e infancia. El impacto de los medios.* Barcelona: Editorial Gedisa.

GARCÍA ORZA, J. (1995), Violencia interpersonal en la escuela. El fenómeno del matonismo. *Boletín de Psicología,* 49, 87-103.

GENERALITAT DE CATALUNYA (2001), *Joventut i seguretat a catalunya. Enquesta als joves escolarizats de 12 a 18 años.* Departament d'Ensenyament i Departament d'Interior. Generalitat de Catalunya.

GILMARTIN, B. G. (1987), Peer group antecedents of severe love-shyness in males. *Journal of Personality,* 55, 467-488.

GÓMEZ, C. (coord.), *Comportamiento Social de los estudiantes de educación no universitaria de la Comunidad Aragonesa*. Estudio preliminar. [Versión electrónica disponible en: http://www.educa.aragob.es/ryc/Convi.es/Descargas/INFORME%20PRELIMINAR.pdf] Fecha de consulta: 10 de septiembre de 2007.

HARRIS, S. y PETRIE, G. F. (2006), *El acoso en la escuela. Los agresores, las víctimas y espectadores*. Barcelona: Paidós.

HERNÁNDEZ DE FRUTOS, T. y CASARES, E. (2002), *Aproximaciones teórico-prácticas para el conocimiento de actitudes violentas en el ámbito escolar*. Pamplona: Instituto Navarro de la Mujer.

HOOVER, J. H., OLIVER, R. y HAZLER, R. J, (1992), Bullying: Perceptions of adolescent victims in the Midwestern USA. *School Psychology International*, 69, 141, 158.

HUGH-JONES, S. y SMITH, P. K. (1999), Self-reports of shorts and long-term effects of bullying on children who stammer. *British Journal of Educational Psychology*, 69, 141-158.

KUMPULAINEN, K., RÄSÄNEN, E., HENTTONEN, I., ALMQVIST, F., KRESANOV, K., LINNA, S. L., MOILANEN, I., PIHA, J., PUURA, K. y TAMMINEN, T. (1998), Bullying and psychiatric symptoms among elementary school-age children. *Child Abuse and Neglect*, 22, 705-717.

LUCENA, R. (2004), *Variables personales, familiares y escolares que influyen en el maltrato entre iguales*. Tesis Doctoral no publicada. Madrid. Universidad Complutense.

MATAMALA, A. y HUERTA, E. (2005), *El maltrato entre escolares. Técnicas de autoprotección y defensa emocional. Para alumnos, padres y educadores*: Madrid: A. Machado libros.

MATSUI, T., TSUZUKI, T., KAKUYAMA, R. y ONGLATCO, M. L. (1996), Long-term outcomes of early victimization by peer among Japanese male university students: model of a vicious cycle. *Psychological Reports*, 79, 711-720.

MORA-MERCHÁN, J. A. (2006), Las estrategias de afrontamiento, ¿mediadoras de los efectos a largo plazo de las víctimas de bullying? *Anuario de Psicología Clínica y de la Salud*, 2 (2000), 15-16.

MYNARD, H. y JOSEPH, S. (1997), Bully/Victim problem and their asociation with Eysenck's personality dimensions in 8 to 13 years-olds. *British Journal of Educational Psychology*, 67 (1), 51-54.

OÑATE, A. y PIÑUEL, I. (2005), Informe Cisneros VII. "Violencia y acoso escolar" en alumnos de Primaria, Eso y Bachiller. Informe preliminar. [Versión electrónica disponible en: http://www.el-refugioesjo.net/bullying/cisneros-VII.pdf#search=%22%20%22informe%20cisneros%20VII%22%22]. Fecha de consulta: 10 de septiembre de 2007.

OÑEDERRA, J. A., MARTÍNEZ, P., TAMBO, I. y UBIETA, E. (2005a), *El maltrato entre iguales, "Bullying" en Euskadi. Educación Primaria*. Gobierno Vasco. I SEI-IVEI. [Versión electrónica disponible en: http://www.oseo-ivei.net] Fecha de consulta: 10 de septiembre de 2007.

OÑEDERRA, J. A., MARTÍNEZ, P., TAMBO, I. y UBIETA, E. (2005b), *El maltrato entre iguales, "Bullying" en Euskadi. Educación Primaria.* Gobierno Vasco. I SEI-IVEI. [Versión electrónica disponible en: http://www.oseo-ivei.net] Fecha de consulta: 10 de septiembre de 2007.

ORTEGA, R. (1992), Violence in School. Bully-victims problems in Spain. *En Vth European Conference on Developmental Psychology* (pp. 27) Sevilla.

ORTEGA, R. (1994), Violencia interpersonal en Centros Educativos de Educación Secundaria. Un Estudio de Maltrato e Intimidación entre compañeros". *Revista de Educación,* 304, 253-280.

ORTEGA, R. (1997), El proyecto Sevilla Anti-Violencia Escolar. *Revista de Educación,* 313, 143-160.

ORTEGA, R. (1998), *La convivencia escolar: que es y cómo abordarla.* Sevilla: Consejería de Educación y Ciencia. Junta de Andalucía. [Versión electrónica disponible en: http://www.el-refugioesjo.net/hostigamiento/convivencia.pdf]. Fecha de consulta: 10 de septiembre de 2007.

ORTEGA, R. y MORA-MERCHÁN, J. (1997), Agresividad y violencia. El problema de la victimización entre escolares. *Revista de Educación,* 313, 7-27.

ORTEGA, R. y MORA-MERCHÁN, J. (2000), *La violencia escolar: mito o realidad.* Sevilla: Mergablum.

ORTEGA, R. y REY, R. (2005), Violencia interpersonal y Bullying en la escuela. Ponencia presentada en el Congreso Ser Adolescente Hoy (pp. 231-240). Madrid: Fundación de Ayuda contra la Drogadicción (FAD). [Versión electrónica disponible en:. http://www.fad.es/sala_lectura/CSAHoy_MR3.pdf]

OLWEUS, D. (1998), Conductas de acoso y amenaza entre escolares. Madrid: Ediciones Morata (Versión original de 1993, Bullying At school. What we know and what we can do. Oxford: Blackwell).

PALOMERO, J. E. y FERNÁNDEZ, M.ª R. (2001), La violencia escolar: un punto de vista global. *Revista Interuniversitaria de Fromación del Profesorado,* 41, 19-38.

PAREJA, J. A. (2002), *La violencia escolar en contextos interculturales. Un estudio de la Ciudad autónoma de Ceuta.* Tesis doctoral no publicada. Ceuta: Universidad de Granada.

RAMIREZ, S. (2006), *El maltrato entre escolares y otras conductas problema para la convivencia: Un estudio desde el contexto del grupo-clase.* Tesis doctoral no publicada. Ceuta: Universidad de Granada.

RODRÍGUEZ PIEDRA, R., SEOANE, A. y PEDREIRA MASSA, J. L. (2006), Niños contra niños: el bullying como trastorno emergente. Anales de Pediatría [On line], 64, 162-166. Disponible en: http://www.aeped.es/noticias/anales-anteriores/febrero06.htm]. Fecha de consulta: 8 de diciembre de 2007.

SAENZ, T., CALVO, J., FERNÁNDEZ, F. y SILVÁN, A. (2005), *El acoso escolar en los centros educativos de La Rioja.* La Rioja: Informe inédito de Servicio de Inspección Técnica Educativa. Sector Rioja Baja-Logroño Este.

SANMARTÍN, J., GRISOLÍA, J. J. y GRISOLÍA, S. (1998), *Violencia, televisión y cine.* Barcelona: Ariel.

SANMARTÍN, J., MARTORELL, C., DOMINGO, A., PÉREZ, P., LÓPEZ, M.ª J., CO-DOÑER, P., VIVE, C., SEGURA, M., ROJO, L., PERAL, R., VALLE, S., IBORRA, I., SERRANO, A., GODOY, C., TORRES, J. y RAMOS, A. (2005), *Formación para la convivencia: guía para el profesorado.* Observatorio para la convivencia escolar en centros de la Comunidad Valenciana. Generalitat Valenciana. Consellería de Cultura, Educación y Esport. [Versión electrónica disponible en: http://www.cult.gva.es/ ivece/ivece/default_ivece.htm] Fecha de consulta: 10 de septiembre de 2007.

SCHÄFER, M. y MADSEN, K. C. (1998), Victimisation and the consequences: a retrospective study of school bullying and self-evaluation in adulthood (manuscrito no publicado).

SCHÄFER, M., KORNS, S., SMITH, P. K., HUNTER, S. C., VAN DER MEULEN, K., MORA-MERCHÁN, J. A. y SINGER, M. M. (2002), Lonely in the crowd: bullying form the retrospect.

SCHWARTZ, D. (2000), Subtypes of victims and aggressors in children´s peer groups. *Journal of abnormal Child Psychology,* 28, 181-192.

SERRANO, A. (Ed.) (2006), *Acoso y violencia en la escuela. Cómo detectar, prevenir y resolver el bullying.* Barcelona: Ariel.

SEVILLA, C. M. y HERNÁNDEZ, M.ª A. (2006), El perfil del alumno agresor en la escuela. VI Congreso Internacional Virtual de Educación CIVE. [Versión digital disponible en: http://www.acosomoral.org/pdf/El%20perfil%20del%20alumno%20agresor%20en%20la%20escue.pdf#search=%22%20%22El%20perfil%20del%20alumno%20agresor%20en%20la%20escuela%22%22] Fecha de consulta: 10 de septiembre de 2007.

SINDIC DE GREUGES DE LA COMUNIDAD VALENCIANA (2006), *Estudio epidemiológico del bullying en la Comunidad Valencia.* Elaborado por E. Martín, F. Pérez, A. Marchesi, E. M. Pérez y N. Álvarez.

SLEE, P. y RIGBY, K. (1993), The relationship of Eysenck's personality factors and self-esteem in schoolboys. *Personality and individual differences,* 14 (2), 371-373.

SULLIVAN, K., CLEARY, M. y SULLIVAN, G. (2005), *Bullying en la enseñanza secundaria. El acoso escolar: como se presenta y como afrontarlo.* Barcelona: CEAC.

SMITH, P. K. (1997), Bullying in life-span perspective: What can studies of school bullying and workplace bullying learn from each other? *Journal of community and Applied Social Psychology,* 7, 249-255.

VAN DER MEULEN, K., SORIANO, L., GRANIZO, L., BARRIO, C., KORNS, S. y SCHÄFER, M. (2003), Recordando el maltrato entre iguales en la escuela: consecuencias en influencia en la actuación del profesorado. *Infancia y aprendizaje,* 26(1), 49-62.

VIEIRA, M., FERNÁNDEZ Y QUEVEDO (1989), Violence, Bullying and cunsellign and the Iberican Península. En E. ROLAND y E. MUNTH (eds.), *Bullying: a International Perspective.* London: David Fulton Publisher.

149

CAPÍTULO VI

MOBBING. EL ACOSO MORAL EN EL TRABAJO

Laura Gismera Tierno
M.ª José Martín Rodrigo
Departamento de Gestión Empresarial
Facultad de Ciencias Económicas y Empresariales
Universidad Pontificia Comillas de Madrid

"Cuando en el mundo aparece un verdadero genio,
puede identificársele por este signo: todos los necios
se conjuran contra él"
(Jonathan Swift)

1. INTRODUCCIÓN

Observando nuestra realidad circundante, podemos constatar que los comportamientos de violencia psicológica aparecen cada vez con más frecuencia, en todos los ámbitos de la vida social encontrando un especial caldo de cultivo en las organizaciones de trabajo. Un gran número de estudios organizativos comienzan a dar la voz de alarma sobre el fenómeno denominado psicoterror laboral o mobbing.

El acoso moral u hostigamiento psicológico en el trabajo, se ha convertido en los últimos años en una preocupación social cuya dimensión creciente está obligando a legisladores, políticos, psicólogos, abogados y profesionales de la salud a estudiar en profundidad esta devastadora enfermedad organizacional. En la medida en que, desgraciadamente este mal se está generalizando, y que como veremos, causa enormes sufrimientos físicos, psíquicos y sociales a las personas que son sometidas a esta persecución, mermando también la competitividad potencial de las empresas, consideramos oportuno reflexionar sobre las medidas que se deben tomar para frenarlo.

El estudio científico del acoso laboral se ha desarrollado especialmente en el ámbito de la Psicología de las Organizaciones, habiéndose consolidado ya una doctrina especializada en torno al mismo. El psicólogo alemán Heinz Leymann[1], pionero y experto internacional sobre esta materia, comenzó en la década de los ochenta, a investigar el fenómeno del mobbing en Europa, e introdujo este concepto para describir las formas severas de acoso en las organizaciones.

Parece ser que el fenómeno mobbing no es ninguna rareza. El mobbing, o acoso moral laboral, comienza a ser ya una alternativa maquiavélica al despido convirtiéndose en la epidemia del mundo empresarial moderno[2].

Marie France Hirigoyen constata cómo en ciertos ámbitos de la Administración, en los que la normativa u otras circunstancias dificultan o encarecen la extinción de la relación de servicio, el acoso puede ser un medio para que un trabajador abandone la empresa sin necesidad de tener que indemnizarle por despido improcedente o para expulsar a un funcionario sin tener que seguir los complejos procedimientos establecidos a tal efecto en la legislación (García Callejo, 2003, p.16).

Las primeras investigaciones[3] realizadas en Europa en los años ochenta por el profesor Leymann reflejaban que un 3,5% de los trabajadores sufrían mobbing (Piñuel y Zabala, 2001, p.53) y, desde entonces, el problema del acoso moral en el trabajo no ha hecho sino crecer.

---

[1] El lector podrá encontrar en la web que ofrecemos a continuación, datos biográficos y reseñas bibliográficas sobre la vida y obras del profesor Leymann, así como una completa enciclopedia sobre mobbing. Disponible en: http://www.leymann.se. Fecha de consulta: 8 de diciembre de 2007.

[2] I. Piñuel y Zabala (2001) Mobbing, la lenta y silenciosa alternativa al despido. Disponible en: http://www.mobbing.nu/pinnuel-2003-lalentaysilenciosa.rtf. Fecha de consulta: 4 de julio de 2006.

[3] J. F. Escudero Moratalla y G. Poyatos i Matas (2004), ofrecen en el primer capítulo de su libro titulado Mobbing: Análisis multidisciplinar y estrategia legal, un epígrafe sobre las estadísticas de mobbing en distintos países. La referencia completa de la obra puede consultarse en las referencias bibliográficas finales.

Si el lector lo desea puede encontrar más información acerca de las estadísticas sobre el mobbing consultando las Encuestas sobre Calidad de Vida en el Trabajo que el Ministerio de Trabajo y Asuntos Sociales publicó en el año 2002 y el sitio web que la Unión General de Trabajadores (UGT) dedica a tal fin. Disponible en: http://www.ugt.es/mobbing/estrés.htm. Fecha de consulta: diciembre de 2005.

Véase también el artículo de Charzman Birenbaum: "La violencia en el Trabajo". Grupo de estudios de Derecho Social (www.derechosocial.com.ar), que ofrece estadísticas de acoso moral en distintos países.

La "Tercera Encuesta Europea sobre las Condiciones de Trabajo "2000"[4], realizada por la Organización Internacional del trabajo (OIT) y en la que se toma como referente a ocho países europeos (Finlandia, Reino Unido, Países Bajos, Suecia, Bélgica, Portugal, Italia y España), muestra que el 9% de los trabajadores encuestados han sido víctimas del mobbing lo que representa casi doce millones de trabajadores (Escudero Moratalla, Pollatos i Matas, 2004, p.36) y que los sectores de mayor exposición estarían integrados por las administraciones públicas (14%) y otros servicios (12%), principalmente de hostelería (13%); las mujeres[5] estarían más afectadas por estas situaciones que los hombres. Por el tamaño de la empresa, la mayor incidencia se encuentra en aquellas compañías que tienen entre 50 y 99 trabajadores. Por el tipo de contratación, se manifiesta este problema con mayor frecuencia en los trabajadores con contrato fijo o indefinido.

En nuestro país, las investigaciones realizadas por el profesor Iñaki Piñuel y Zabala[6] le han acreditado como uno de los expertos en la materia, tras la publicación de las investigaciones que ha realizado en la Comunidad Autónoma de Madrid, que se concretan en la difusión del famoso Barómetro Cisneros I sobre violencia en el entorno laboral, realizada en mayo de 2001. En dicho informe se estudia la incidencia del mobbing o acoso psicológico laboral en España. Para su investigación se aplicó a una muestra amplia de trabajadores de la Comunidad de Madrid y del Corredor del Henares, la primera encuesta monográfica sobre la violencia laboral la cual desvelaba que un 11,44 % de personas en activo se consideran víctimas del acoso laboral en sus empresas (se estima que 1,7 millones de trabajadores españoles estarían siendo víctimas de este problema).

El segundo barómetro[7] CISNEROS[8] sobre violencia en el entorno de trabajo presentó por primera vez, una topografía y ordenación de las

---

[4] El País (13 de abril de 2001).

[5] Parlamento Europeo; Resolución sobre el Acoso moral en el Trabajo 2001/2339. También, la OIT, en el estudio que realizó en 1996 sobre la Violencia en el Trabajo, realizado dentro de la Encuesta sobre Condiciones de Trabajo, señala que el acoso afecta más a las mujeres.

[6] Iñaki Piñuel y Zabala (innaki.pinnuel@uah.es) es profesor titular de recursos humanos en la Universidad de Alcalá. Ha sido director de recursos humanos de varias compañías del sector de Altas tecnologías. Es autor del primer libro en español sobre este tema: "Mobbing: Cómo sobrevivir al acoso psicológico en el trabajo" y del libro "Mobbing. Manual de Autoayuda".

[7] El lector interesado en los resultados de este informe, puede solicitarlo en la siguiente dirección: *innaki.pinnuel@uah.es*

[8] Cuestionario Individual sobre PSicoterror, Ninguneo, Estigmatización y Rechazo en Organizaciones Sociales.

conductas de hostigamiento laboral más frecuentes del mobbing en la empresa española. También se presentan, por primera vez, resultados referentes a los daños sobre la salud física y psicológica estadísticamente más significativos entre las víctimas de mobbing.

Rescatamos para el lector lo más destacable de este segundo Informe Cisneros sobre violencia en el entorno laboral[9]. Las cifras revelan que, al menos, uno de cada tres trabajadores en activo manifiesta haber sido víctima de maltratos psicológicos a lo largo de su experiencia laboral; que los autores de este tipo de maltrato psicológico son, en un 70,39% de los casos, los jefes o superiores; en un 26,06% los autores son los propios compañeros de trabajo; y en un 3,55% son los subordinados; que más del 16% de la población activa (2,38 millones de trabajadores) manifiesta ser objeto de violencia psicológica o mobbing y que dos de cada tres trabajadores afectados por el mobbing desconoce estar afectado por el problema.[10]

2. DEFINICIÓN

2.1. Etimológicamente: Origen del término mobbing

La palabra mobbing deriva del verbo inglés *to mob*, que los diccionarios traducen como "acosar, perseguir, atropellar, maltratar, asediar, en definitiva, atacar con violencia". Este verbo describe la acción colectiva de una multitud o grupo de personas que batallan asediando a un individuo. El origen de este anglicismo, se encuentra en el campo de la etología y fue introducido por primera vez por el etólogo Konrad Lorenz para referir el comportamiento agresivo de algunas especies de aves contra sus contendientes o congéneres[11]. Posteriormente Peter-Paul Heine-

---

[9] Elaborado en febrero de 2002.

[10] En esta web pueden acceder al Informe Cisneros II. http://www.acosomoral.org/cisneros2.htm. Fecha de consulta: mayo de 2006.

[11] Las observaciones del comportamiento animal llevadas a cabo por Lorenz son muy interesantes. Detectó cómo un animal de mayor envergadura (búho) era agredido por un grupo de animales más pequeños (cuervos) propiciándose el abandono de la zona de caza. Esto se consiguió no mediante un ataque frontal que podría tener graves consecuencias para algunos de los cuervos batalladores en la pelea, sino mediante un asedio indirecto y sutil de hostigamiento sistemático, de perturbación reiterada, que obtuvo como resultado el agotamiento de la resistencia del búho, que al final se marchó voluntariamente de la zona de caza. El hostigamiento consiguió que aborreciera y abandonara una ubicación física próxima a dónde se encontraban los cuervos. (ESCUDERO MORATALLA Y POYATOS I MATAS, 2004, pp.32-34). (PIÑUEL Y ZABALA, 2001, pp.26-27).

mann recuperó este término, para describir la conducta hostil de ciertos niños en las escuelas.

En castellano, mobbing ha sido traducido por una palabra más suave, "acoso", habiéndose generalizado la expresión "acoso moral en el trabajo". Al revisar la literatura que estudia este fenómeno hemos encontrado que con frecuencia se utilizan términos como "abuso de poder", "acoso psicológico", "hostigamiento psicológico", "intimidación psicológica" o "psicoterror laboral", para referirse a ello.

2.2. Concepto

Heinz Leymann (1996) presentó en su obra "Mobbing. La persecución en el trabajo" el concepto en los siguientes términos:

> "El mobbing o terror psicológico en el ámbito laboral consiste en una situación en la que se produce una comunicación hostil y sin ética, dirigida de manera sistemática por uno o varios individuos contra otro, que es así arrastrado a una posición de indefensión y desvalimiento, y activamente mantenido en ella...El acoso psicológico en el trabajo atenta, por su repetición y sistematización, contra la dignidad o la integridad física o psíquica de una persona, poniendo en peligro su empleo o degradando el ambiente laboral con la finalidad de humillarla o destruir las redes de la víctima o víctimas, destruir su reputación, perturbar el ejercicio de sus labores y lograr que finalmente esa persona acabe abandonando su puesto de trabajo" (Leyman, 1996, pp.26-27).

De lo anterior destacamos que, el acoso moral es una violencia en pequeñas dosis, que apenas se advierte y que, sin embargo, es muy destructiva. Todas las personas que lo sufren se desestabilizan profundamente. El modo específico de agresión varía según los medios socioculturales y cuanto más subimos en la jerarquía y en la escala sociocultural, más sofisticadas, perversas y difíciles de advertir son las agresiones. En resumen, al maltrato persistente, deliberado y sistemático de varios miembros de una organización hacia un individuo con el objetivo de aniquilarlo o intoxicarlo psicológica y socialmente logrando que abandone la organización, se le denomina mobbing.

Muchos son los autores que en distintos ámbitos profesionales y geográficos han contribuido con sus investigaciones a fomentar la repulsa hacia estas conductas contribuyendo a combatir el acoso moral. En palabras de José María García Callejo:

"...combatir el acoso moral es, ante todo un imperativo ético, pero además constituye una exigencia ineludible para el sano funcionamiento de las estructuras productivas y de la sociedad civil. Un sistema de relaciones laborales que ampara, consiente o simplemente no combate eficazmente la proliferación del hostigamiento intenso y sistemático en el lugar de trabajo está abocado, a la larga, a la degradación de las relaciones de trabajo, a la desincentivación del personal y a la pérdida de calidad y competitividad de su economía, además de redundar en la degeneración ética y moral de una sociedad" (Garcia Calleja, 2003, p.17).

Pero, no todo es mobbing. Conviene deslindar claramente el acoso moral en el trabajo del estrés, de la presión del trabajo, de las quimeras y las tensiones propias de las organizaciones en las que en muchos casos la interdependencia entre sus miembros lleva a numerosas situaciones de desavenencia. Tampoco se debe confundir con las decisiones legítimas que se desprenden de la organización del trabajo, siempre que sean conformes al contrato de trabajo.

En la gestión de personal hay malos entendidos y errores, y hay conflicto de intereses; pero esto no puede entenderse directamente por acoso sin pruebas que lo demuestren. En las organizaciones hay conductas destructoras que no son malintencionadas, que transmiten estrés y ansiedad neurótica y existen jefes paranoicos y personalidades obsesivas que sólo sienten la necesidad de controlar a los demás, pero esto no debe entenderse tampoco como acoso moral. Todo esto tiene otro nombre; "maltrato de la dirección", "agresiones esporádicas", "malas condiciones de trabajo", "represión de conductas inadecuadas de bajo rendimiento" o "coacciones profesionales".

Puede darse el caso de personas, que siendo muy vulnerables al estrés y al conflicto, confiesen sentirse acosadas y objetivamente, no lo estén. También se han dado otras situaciones, en las que con intenciones poco honrosas, las personas han simulado ser víctimas de acoso[12]. Los especialistas en el tema destacan la importancia de no confundir el acoso moral con estos supuestos[13]. El acoso moral supone una agresión más

---

[12] El 14 de noviembre de 2003 el Tribunal Superior de Justicia de Cataluña sentenció una condena por falso mobbing a una trabajadora, que actuando de mala fe, para conseguir una indemnización, había acusado a su empresa de acosarla moralmente. En el juicio se demostró que todo había sido un montaje y que, incluso, había presionado a algunos compañeros para que la apoyaran.

[13] El mobbing es un concepto que, a modo de cajón de sastre, le han endosado supuestos, conceptos y situaciones que no lo son. Catalogar qué es y qué no es mobbing no

grave y prolongada, fruto de una conducta de hostigamiento sistemática y más o menos preconcebida por el hostigador, que viene a desestabilizar psicológicamente a la víctima a través de múltiples formas de persecución (García Callejo, 2003, p.21).

Por tanto, y a pesar de que la percepción de sentirse acosado o acosada moralmente, sea el activador del estrés, la presión, la depresión, el conflicto laboral y otros supuestos afines, hay algo que los diferencia. El mobbing es destructivo por su propia naturaleza en cuanto que siempre está presente la humillación y la falta de respeto hacia la víctima; estableciéndose una relación "dominante-dominado", en la que el que controla el juego intenta someter al otro y hacerle perder su identidad. En definitiva, se trata en toda regla de un abuso de poder.

3. Sus protagonistas

Como señala Marisa Bosqued (2004, pp.53-56):

"El acoso laboral hay que considerarlo como una relación humana patológica en la que hay un hostigador, que representa la personalidad enfermiza, y la víctima que, ante todo tiene que aprender a defenderse de los ataques y a que estos le afecten lo menos posible. Pero hay que ir incluso más allá si queremos comprender en toda su dimensión el fenómeno del mobbing, y analizarlo como lo que realmente es, un cuarteto compuesto por: la organización o empresa, el acosador/es, las personas que no se oponen al acosador o incluso se unen a este último y la víctima".

Nos parece pertinente reflexionar sobre quiénes son aquellos sujetos protagonistas que "podrían ser potenciales" agresores y de las víctimas propiciatorias de él. Potenciales, porque no hay reglas que con exactitud cataloguen a los sujetos en un lado u otro de esta reprochable práctica. Coincidimos con Escudero Moratalla y Poyatos i Matas (2004, p.109) que "en un momento u otro de la vida profesional, "ningún sujeto" está

---

es tarea fácil y en ello, están los especialistas, tratando de encontrar un acuerdo unánime. En la obra citada anteriormente de Escudero Moratalla y Poyatos i Matas (2004, pp.67-81), encontramos un epígrafe muy interesante a este respecto, en el que analizan diversos supuestos que no se consideran propiamente mobbing. Estudian las diferencias entre el acoso moral y las tensiones laborales; el estrés o exceso de trabajo; quimeras laborales; el síndrome de desgaste personal; la depresión reactiva o conflicto laboral; el acoso sexual o el falso mobbing.

libre de ser víctima de mobbing" y que, como expone García Callejo (2003, p.27)

> "…Todos podemos ser en determinadas circunstancias, acosadores, y no solamente los individuos especialmente perversos o problemáticos pueden ser potenciales acosadores, también personas aparentemente normales, e incluso altamente consideradas, pueden caer en esta conducta cuando sucumben a la soberbia y a la tentación de imponer sus deseos y antojos sobre quienes les rodean…"

García Callejo continúa haciendo un envite a las organizaciones para frenar de un modo firme estos lamentables comportamientos:

> "…Consideramos que el mejor antídoto contra esta tentación es dejar claro a todos los miembros de la empresa u organización, con independencia de la posición jerárquica que ocupen o de la importancia y responsabilidad de su trabajo, que deben observar, por encima de todo, determinados límites y normas de respeto en su relación con los demás, aceptar las constricciones impuestas por la regulación legal y convencional de la relación de servicio, ateniéndose en todo momento a la consideración debida a la dignidad de las personas que prestan su servicio en la empresa u organización, y queremos decir a todas las personas, sin distinción de posiciones jerárquicas, rangos o categorías; de tal forma que todos tengan presente que absolutamente a nadie le está permitido, ni oficial ni extraoficialmente, imponer su voluntad por encima de las referidas reglas de respeto a las normas y a la dignidad del trabajador, haciendo saber a todos los trabajadores y responsables de la organización que aquellas conductas que vulneren tales pautas de comportamiento ético, vengan de quien vengan, no serán consentidas y serán severamente sancionadas".

3.1. Perseguidores: Quiénes son. Cuál es su perfil típico. Qué motiva su conducta. Cómo actúan

El perseguidor, con carácter general, puede adoptar diversas posiciones dentro del organigrama de la empresa, pudiendo ser compañeros de trabajo que pertenecen al mismo grupo profesional, al grupo inmediatamente inferior o los superiores jerárquicos.[14]

---

[14] La situación más frecuente es aquella en la que el acosador se sitúa en una posición de superioridad frente a la víctima; es decir, en el 45% de los casos el papel de perseguidor es desempeñado por el jefe directo del trabajador que sufre el acoso. En segundo lu-

Por lo que se refiere al perfil típico del acosador o perseguidor, el profesor Leymann considera que nos encontramos ante una persona que experimenta miedo e inseguridad hacia su propia carrera profesional, su reputación o su posición en la organización, por lo que opta por denigrar a aquellas personas a las que considera como un peligro.

Por su parte, el psiquiatra González de Rivera y Revuelta (2000) señala que el acosador presenta una "mediocridad inoperante activa" (MIA), que se puede describir como un trastorno de comportamiento caracterizado por pobres y obsesivas conductas de imitación con un intenso deseo de protagonismo, junto a ocultos sentimientos de celos, envidia y resentimiento hacia el éxito ajeno y que le empujan a tratar de destruir a los demás, autojustificándose con intelectualizaciones de dudosa catadura. En su agenda encubierta busca que la víctima, abandone voluntariamente la empresa, en el fondo, por miedo a perder el empleo dada la competencia y eficacia de la víctima.

De hecho, en muchos casos cuando se investiga en el pasado de este perseguidor o perseguidores podemos encontrar un campo lleno de "cadáveres"[15] que han ido dejando a lo largo de su trayectoria profesional, como consecuencia de su constante necesidad de ir encubriendo su mediocridad e ineficiencia. Estos sujetos utilizaban el mobbing contra todos aquellos que destacaban o que parecía que podían destacar más que ellos.

De cualquier modo, este tipo de comportamientos de los perseguidores, en muchos casos de origen psicopático, no deben justificarse por ningún sentimiento de inferioridad o de inadecuación que puedan padecer. No podemos olvidar que su conducta despiadada, voluntaria y meditada intenta en muchos casos el "asesinato" profesional y psicológico de la víctima.

---

gar nos encontramos con las situaciones de acoso protagonizadas por compañeros y subordinados de la víctima, los cuales actuando como un grupo compacto se fijan el objetivo de lograr la aniquilación del sujeto acosado. I. PIÑUEL (2003, p.45) comenta que *los datos del barómetro Cisneros de la Universidad de Alcalá señalan al jefe en dos de cada tres casos y a los compañeros en el 30 por ciento de las veces como agentes del hostigamiento. Un 4 por ciento son casos de mobbing de tipo ascendente*.

[15] Según PIÑUEL Y ZABALA (2003, pp.48-50) "hay incluso asesinos en serie con un largo historial de cadáveres en el armario. Es fácil rastrear a lo largo de su vida, y encontrar varias personas que han sido víctimas de su acoso en otras empresas. Esto quiere decir, que como actúan bajo un patrón aprendido y profundamente establecido, en el futuro volverán a hacerlo, motivo por el cual es tan importante identificarles, sancionarles, y tratarles o excluirles en su caso".

Una vez que el acosador ha tomado la decisión de "ir a por" el trabajador, comienza aquí una fase de hostigamiento activo psicológico, que se caracteriza por no dejar rastro. Este ataque, no deja huella ni posee más signo externo que el progresivo deterioro de la víctima psíquica, física y socialmente.

Dentro de las actividades que llevan a cabo los acosadores con sus víctimas podemos diferenciar entre aquellas prácticas activas, que suelen ser desarrolladas en las fases preliminares del acoso y consisten en actos tales como críticas a sus trabajos, insultos y humillaciones, órdenes dirigidas a que el resto de trabajadores participen activa o pasivamente en el acoso. Las actividades pasivas persiguen minar la fuerza de la víctima mediante la falta de comunicación, la eliminación de formación o de apoyo al trabajador además de no poner a disposición del trabajador la información necesaria para el desarrollo de su trabajo.

Debe resaltarse también que los agresores rara vez actúan solos, por el contrario, suelen formar un equipo compacto. Esta unión obedece en gran medida a la consideración de la víctima como una persona más fuerte intelectualmente y con mayor preparación, por eso los perseguidores deben unirse y en equipo planificar y determinar las acciones para conseguir su objetivo.

Dentro del grupo podemos distinguir dos tipos de sujetos. Por una parte, encontraríamos aquellos sujetos que actúan con auténtica diplomacia y en estricto cumplimiento de la legalidad. Son los que marcan las pautas, los que deciden, actuando en la retaguardia, comportándose en público con toda normalidad, incluso con un trato exquisito.

Este tipo de sujetos serán secundados por una serie de "cómplices" que desarrollan conductas violentas que cesan en ausencia de la víctima. Son quienes le atacan verbalmente o le hacen el vacío. En ocasiones existe en el grupo algún sujeto verdaderamente agresivo que adopta las posturas más extremas contra la víctima. En estos casos nos encontramos ante un verdadero agresor con tendencias psicopáticas.

Por último, hacer referencia a que esta actitud del grupo agresor suele ser secundada por otros empleados que tienen poco que ver con la víctima, y aunque sólo imitan al grupo agresor cuando éste está presente, ello no quiere decir que estén exentos de culpa.

3.2. Víctimas. Quiénes son. Por qué les eligen

A continuación exponemos algunas de las características más frecuentes que configuran el retrato robot de las víctimas del psicoterror laboral analizando qué es lo que provoca que un determinado sujeto se configure como el blanco ideal de la agresión, poniendo el énfasis, por supuesto, en que la culpa o responsabilidad del acoso está en el agresor y no en la forma de ser o de comportarse de la víctima.

Marie-France Irigoyen (1999, pp.159 y ss.), psiquiatra francesa que ha estudiado en profundidad el fenómeno mobbing, especifica lo siguiente sobre las víctimas:

> "La víctima no existe en tanto que persona, sino en cuanto a ser soporte de una cualidad que el perverso intenta apropiarse. Los perversos se alimentan con la energía de los que padecen su encantamiento...Eligen a sus víctimas entre las personas que se muestran más llenas de energía y que saben gozar de la vida, como si intentaran acaparar una parte de su fuerza. ...los bienes a los que nos referimos son rara vez bienes materiales. Son cualidades morales difíciles de robar: alegría de vivir, comunicación, creatividad. ...Si no se encontrara cegado por el odio, el envidioso podría aprender a adquirir una parte de los dones a través de una relación de intercambio. Pero ello supondría una modestia que el perverso no tiene. ...Los perversos absorben la energía positiva de quienes los rodean y se alimentan y regeneran con ella. Y luego vuelcan sobre ellos toda su energía negativa".

Según los investigadores, en general, los profesionales eficientes y con grandes habilidades sociales y de comunicación son blancos perfectos para ser víctimas del mobbing. Los rasgos que conforman su perfil son los siguientes: el de una persona sensible, honrada, afectiva, digna de confianza, con gusto por el trabajo bien hecho, sociable, buen organizador, dispuesto a ayudar, tolerante, artístico, conciliador, con buen humor, alegre, lleno de energía, profesional brillante, empático y con un comportamiento ético. Buenos profesionales e inmejorables como personas, estos trabajadores provocan con facilidad los celos y envidias de sus compañeros y despiertan miedos y complejos que permanecían ocultos convirtiéndose en una gran amenaza para el acosador.

Algunos autores consultados coinciden en señalar que la característica más provocadora de la víctima para activar el acoso es su fuerte reticencia ante el servilismo y la manipulación, es decir cuando la víctima reacciona contra el autoritarismo de un superior y no se deja avasallar. Su capacidad de resistir a la autoridad a pesar de las presiones es lo que le señala como blanco (Escudero Moratalla y Poyata i Matas, 2004, p.111).

4. Desarrollo del mobbing

El profesor Leymann en sus investigaciones pudo comprobar que los procesos de acoso siempre ocurren de un modo progresivo y con una secuencia similar. En líneas generales, estructuró todo el proceso en cuatro secuencias: la primera fase del conflicto o inicio del acoso moral se manifiesta a propósito de un incidente crítico, la segunda fase es propiamente el momento en que se inicia el acoso y la estigmatización o persecución sistemática de la víctima, en un tercer momento, la empresa u organización interviene de modo oficial, finalizando el proceso con una fase de marginación, abandono o exclusión de la vida laboral.

Dependiendo de la idiosincrasia propia de cada caso, de la naturaleza psicológica del acosado, del posicionamiento e intervención de la empresa, es posible que el proceso destructivo pueda frenarse en alguna de sus fases (Escudero Moratalla y Poyatos i Matas, 2004, p.125), pero como afirma González de Rivera (2002, pp.172 y ss.) "...si no consigue revertir la situación en la primera fase o, lo más tarde, al principio de la segunda, ya es difícil que pueda por sí solo salir indemne de la crisis".

4.1. Incidentes críticos

Todo comienza repentinamente con un cambio brusco en la relación entre el acosador y la víctima: la relación, que hasta entonces era neutra o incluso hasta positiva, se torna negativa.

La situación desencadenante del acoso suele ser una discusión, un desencuentro, un conflicto puntual, que en un determinado momento adquiere mayor proporción. A este respecto González de Rivera (2002) manifiesta lo siguiente:

> "...el conflicto es inevitable en las organizaciones humanas, y por eso todas tienen mecanismos para regular su expresión y para buscarles solución... El origen del acoso no está exactamente en el conflicto en sí, sino en la perversión del conflicto. Lo que hubiera podido arreglarse con una simple explicación o con una oportuna intervención bien intencionada, se convierte en un problema irresoluble y creciente, precisamente, porque alguien bloquea los mecanismos de resolución de conflictos y logra que funcione al revés. El asunto se saca de contexto, se exagera, se difunde de manera inadecuada, innecesaria y tendenciosa, y acaba por utilizarse como para motivar, justificar y potenciar el acoso psicológico del trabajador. Los más hábiles acosadores ni siquie-

ra necesitan que exista un conflicto real; pueden crearlo a partir de la tergiversación de un incidente o malentendido, en el que el papel de la víctima es meramente secundario, o pueden simplemente inventarlo de la nada. A partir de ahí, solo se trata de conseguir involucrar a otras personas como cómplices para estigmatizar a un inocente" (González de Rivera, 2002, pp.173-174).

Todo ello produce la confusión de la víctima, que se comienza a interrogar acerca del porqué del cambio y de la actitud hostil por parte del acosador, analizando su propio comportamiento para encontrar en él la causa de esta situación.

4.2. Acoso y estigmatización

En esta fase se inicia propiamente el acoso a la víctima. El acosador comienza su ataque sistemático y sutil con una intencionalidad perversa: "ir a por la víctima", con ánimo de perjudicarla, y deshacerse de ella. Le somete diariamente a una actividad psicológica destructiva, utilizando para ello un tipo de manipulación agresiva[16]. Estando sometido diariamente a esta presión, por un extenso período de tiempo y con propósitos hostiles, el acosador consigue al final su propósito logrando estigmatizar a la víctima.

El modo de operar del acosador en esta fase consiste en lanzar críticas sistemáticas e injustificadas hacia su trabajo, ideas e incluso aspecto

---

[16] La persecución y los ataques a los que el acosador somete a la víctima se desarrollan, fundamentalmente, en tres frentes: *el trabajo y la profesionalidad* (Fin: Lograr el descrédito profesional de la víctima. Medios: Asignar objetivos inalcanzables. Privarle de realizar actividades estimulantes. Quitarle áreas de responsabilidad y asignarle tareas inútiles. No proporcionarle información crucial para su trabajo y manipularle para inducirle a error. Invadir su privacidad y sustraer elementos clave para el desempeño de sus funciones), *la comunicación social* (Fin: Aislamiento social de la víctima. Medios: Ignorarle o excluirle, hablando sólo a una tercera persona presente, simulando que no existe. Persuadir o coaccionar a los demás compañeros para que no se comuniquen con la víctima. Gritarle, avasallarle e insultarle públicamente. Interrumpirle cuando habla. Burlarse de él y de su vida privada degradándole delante de sus compañeros. Criticar su trabajo en presencia de otros) y *la personalidad de la víctima* (Fin: destruir la reputación de la víctima y arruinar su personalidad. Medios: acusarle de tener problemas psicológicos. Humillarle para destruir su autoestima. Convencer a los demás de que es una persona conflictiva. Extender rumores maliciosos o calumniosos. Infravalorar o no valorar el esfuerzo. Criticar continuamente su trabajo, ideas, propuestas. Castigar duramente cualquier iniciativa personal con falta al deber de obediencia).

físico. A partir de ahí comienza una persecución continua dirigida a deteriorar la imagen pública del trabajador mediante calumnias, rumores, mentiras interesadas, burlas y motes. La persona es aislada, negándosele la comunicación con el acosador y prohibiéndose explícita o tácitamente que el resto de trabajadores tengan relación o comunicación con él. Se le excluye de las actividades sociales informales y se le van retirando sus cometidos de mayor responsabilidad para darle otros de menor interés y en absoluto motivadores.

Este comportamiento ocasiona el deterioro de la confianza de la víctima en sí misma y en sus capacidades profesionales, e inicia un lento y continuo proceso de desvaloración personal consistente en la destrucción de la autoestima.

4.3. Intervención de la Dirección

En esta fase el problema llega a la línea jerárquica, interviniendo los departamentos de recursos humanos. Pero, en este momento y, como consecuencia de la fase anterior, existe ya un estigma previo sobre la víctima y una serie de prejuicios proyectados por los acosadores: la percepción pública de la persona acosada ha sido manipulada de tal forma que los superiores jerárquicos o el departamento de personal tenderán a culpabilizar a la víctima de lo que ocurre (Piñuel y Zabala, 2001, p. 70).

El profesor Iñaki Piñuel y Zabala explica que la situación de la víctima en esta tesitura se ve agravada por lo que se conoce como "error en la atribución":

> "...que hace que compañeros, jefes y directivos tiendan a elaborar explicaciones basadas en las características individuales de la víctima, en lugar de en los factores del entorno (mala organización, inadecuación del tipo de tarea, pobre liderazgo, carga laboral inadecuada, etcétera). Este error atributivo de la jerarquía es tanto más frecuente cuanto mayor es su responsabilidad de velar por la adecuación de los factores organizativos del trabajo. Suelen ser los departamentos de recursos humanos (personal) de las empresas los que con mayor asiduidad incurren en este error, facilitando de este modo la adopción de la solución limpia, barata y rápida de cortar por lo sano".

Como podemos apreciar, existe una tendencia rápida a desembarazarse del problema, o mejor dicho del supuesto "culpable", sin tener en cuenta, en la mayoría de los casos, los derechos elementales de la víctima: el derecho a ser escuchado, a una evaluación objetiva, a un juicio imparcial, a igualdad en el trato o la consideración.

4.4. Fase de marginación, abandono o exclusión de la vida laboral

La víctima entra en un período de deterioro y aislamiento en que comienzan a sucederse los problemas de salud: los síntomas más frecuentes se relacionan con trastornos de sueño, ansiedad, estrés, hipervigilancia, cambios en la personalidad, problemas de pareja, irritabilidad y depresión. La alteración del equilibrio emocional y físico produce una desestabilización en la persona que le lleva a caer enferma frecuentemente, con una profusión de bajas laborales, que son utilizadas por el acosador para incrementar la mala imagen pública de la víctima.

Posiblemente, a estas alturas del proceso, la persona acosada busca ayuda de especialistas del área de la salud (psicólogos, psiquiatras, medicina alternativa…) teniendo muchas posibilidades de obtener un diagnóstico poco acertado puesto que en la mayoría de los casos, el diagnóstico se centra básicamente en los rasgos personales de la víctima obviando en gran medida, los aspectos situacionales que realmente están provocando el problema. Así pues, es frecuente encontrar a víctimas de mobbing que se les cataloga y se les trata como enfermos de estrés, depresión, personalidad paranoide, maníaco-depresión, desajuste de personalidad, neurosis, trastornos por ansiedad o ataques de pánico. Tratamiento inútil por otro lado, en la medida en que no incide en la causa del problema, la agresión externa y sistemática.

Esta circunstancia incrementará el sufrimiento de la víctima al hacerle sentirse responsable de su propio acoso moral. Pero, además, si llega a ser conocido por la organización que la víctima recibe tratamiento de algún tipo, supondrá un refuerzo para la estigmatización del trabajador que será tachado de "loco", "desajustado" y, por tanto, de ser el culpable de la situación conflictiva debido a sus problemas psicológicos. Todo ello puede destruir la imagen pública y la carrera profesional de la persona víctima del acoso (Piñuel y Zabala, 2001, p.72).

La mayor parte de los investigadores sobre este problema coinciden en afirmar que el acoso laboral suele finalizar con la salida a medio plazo de la víctima de la organización, bien por decisión propia (puesto que la persona se da por vencida), o mediante un despido, o con su traslado a otras dependencias.

En la salida voluntaria las víctimas deciden terminar la relación laboral por sí mismas, incapaces de resistir el acoso, desasistidas por el empleador, mal diagnosticadas por el psicólogo o psiquiatra y aisladas en su entorno social y profesional, sin otra opción profesional interna. En el caso de los funcionarios la opción puede ser solicitar un traslado o la excedencia voluntaria. De hecho, en ocasiones renunciar bruscamente a continuar en la empresa, es la única salida digna que le queda a la víctima para poder emprender el camino a la recuperación. Sin embargo, en ocasiones la opción de la persona acosada es más desesperada llegando incluso al suicidio, víctimas de la ansiedad y angustia insoportable sufrida.

La salida es forzosa (despido) en el caso de trabajadores que se aferran a seguir en el lugar de trabajo entrando en una espiral de bajas laborales, intermitentes o continuadas, debidas a los problemas de salud relacionados con el acoso al que son sometidos, incrementando la probabilidad de ser despedidos por su baja productividad o reiteradas ausencias (Piñuel y Zabala, 2001, p.72).

Pero salir de la organización no pone fin a los problemas de la víctima. La recuperación de la víctima suele tardar años y, en ocasiones, jamás recupera su capacidad laboral. Además, en muchas ocasiones, el mobbing persiste más allá de la salida de la víctima de la empresa, con informes negativos calumniosos que los acosadores darán a futuros empleadores, eliminando así el nivel de empleabilidad externa de la víctima.

5. Tipos de mobbing

En las organizaciones laborales se pueden dar conductas acosadoras de diferentes tipos, éstas pueden ser de un superior o jefatura, de parte de un colega de trabajo o de otra persona con un rango jerárquico inferior a la víctima (Carrasco Oñate, 2005, p.2). Podemos encontrar así tres tipos de acoso psicológico: descendente, horizontal y ascendente.

El acoso moral de tipo *descendente*, es aquel en que el agente del acoso es una persona que ocupa un cargo superior a la persona que es víctima del acoso, como por ejemplo, su jefe. Suele ser la situación más habitual. La persona que ejerce el poder lo hace a través de desprecios, falsas acusaciones e incluso insultos que pretenden minar el ámbito psicológico del trabajador acosado para destacar frente a sus subordinados, para mantener su posición en la jerarquía laboral o simplemente se trata de una estrategia empresarial. El objetivo final es deshacerse de la víctima forzando el abandono "voluntario" de una persona determinada sin proceder a su despido legal, ya que sin motivo acarrearía un coste económico para la empresa.

El acoso moral *horizontal,* se da entre colegas o compañeros de trabajo de la misma categoría o nivel jerárquico. El ataque puede deberse a numerosas causas: celos, envidia, competencia o problemas de tipo personal. Aquí el acosador busca entorpecer el trabajo de su compañero con el objetivo de deteriorar su imagen o carrera profesional; también puede llegar a atribuirse a sí mismo los méritos ajenos. En este tipo de mobbing un grupo de trabajadores se constituye como un individuo y actúa como un bloque con el fin de conseguir un único objetivo. Este tipo de ataque se puede dar por problemas personales o bien, porque algunos de los miembros del grupo sencillamente no acepta las pautas de funcionamiento tácitamente o expresamente aceptadas por el resto. Un trabajador/a se ve acosado/a por el compañero con el mismo nivel jerárquico, aunque es posible que si bien no oficialmente, tenga una posición "de facto" superior.

En el acoso de tipo *ascendente*, la persona que realiza el acoso moral ocupa un puesto de menos jerarquía al del afectado, es menos frecuente que los dos casos anteriormente citados. Esta situación acontece cuando un trabajador pasa a tener como subordinados a los que fueron sus colegas de trabajo. También ocurre cuando se incorpora a la organización una persona externa a la empresa a un cargo directivo, y desconoce la organización o incorpora nuevos métodos de gestión que no son compartidos o aceptados por los subordinados. Su forma de trabajar no es aceptada por los trabajadores que se encuentran bajo su dirección y suele suceder porque un trabajador quería obtener ese puesto y no lo ha conseguido. También puede darse otra modalidad en la que el trabajador es ascendido a un puesto de responsabilidad, en virtud del cual, se le otorga la capacidad de organizar y dirigir a sus antiguos compañeros. La situación se complica si no se ha consultado, previamente, el ascenso al resto de trabajadores y, éstos, no se muestran de acuerdo con la elección, o si el nuevo responsable no marca unos objetivos claros dentro del departamento generando intromisiones en las funciones de alguno o algunos de sus componentes. Se puede desencadenar este fenómeno hacia aquellos jefes que se muestran arrogantes en el trato y muestran comportamientos autoritarios hacia sus inferiores.

6. Consecuencias del mobbing

6.1. Para la empresa

En definitiva, que se produzcan casos de hostigamiento en el lugar de trabajo no es perjudicial únicamente para la persona que lo sufre, sino que también afecta gravemente a la organización, resintiéndose aspectos tan importantes para una empresa como la productividad (tanto en cantidad como en calidad). Además y como consecuencia del absentismo aumenta la rotación y con ella las necesidades de formación de los nuevos trabajadores/as a lo que hay que sumar el coste del tiempo de adaptación necesario al nuevo puesto de trabajo.

En cualquier caso la mayor o menor importancia de los costes económicos de la violencia en los lugares de trabajo no debe suponer en ningún caso afrontar el problema únicamente en términos de beneficios o pérdidas económicas para la organización, sino que el criterio fundamental debe estar basado en términos de bienestar de los trabajadores.

6.2. Para el trabajador acosado

El mobbing no tiene las mismas consecuencias ni provoca las mismas reacciones en todas las personas, debido fundamentalmente a que las diferencias entre las habilidades, capacidades y recursos de afrontamiento entre ellas pueden ser muy distintas; no obstante, sus consecuencias son devastadoras en la mayor parte de los casos. En general, puede decirse que la salud social del individuo se encuentra profundamente afectada, pues este problema puede distorsionar las interacciones que tiene con otras personas e interferir en la vida normal y productiva del individuo. La salud social del individuo se verá más afectada cuanto menores apoyos afectivos encuentre (personas que le provean de apoyo, consejo, ayuda…) tanto en el ámbito laboral como en el extralaboral.

A nivel social, es posible que estos individuos lleguen a ser muy susceptibles e hipersensibles a la crítica, con actitudes de desconfianza y con conductas de aislamiento, evitación, retraimiento o, por otra parte, de agresividad u hostilidad y con otras manifestaciones de inadaptación social. Son comunes sentimientos de ira y rencor, y deseos de venganza sobre el/los agresores. Y no podemos olvidar el tipo de consecuencia más relevante; el deterioro de la salud física de la víctima de la violencia laboral, sus consecuencias en el corto plazo (insomnio, pesadillas, problemas estomacales...) y secuelas en el largo plazo, algunas de ellas de carácter irreversible.

7. Formas de afrontar el mobbing

En este apartado hay que hacer hincapié en que son varios los agentes que deben actuar, esto es, la víctima, la empresa y las medidas legislativas vigentes en el Estado en cuestión.

La salud física del afectado se va a ver deteriorada pero también la salud psíquica, por ello se aconseja tener un autoconcepto y una autoestima elevadas, junto con una fuerte confianza en un mismo y tratar de reforzarlas. También es importante que las personas del entorno, familiares y amigos le recuerden al trabajador su valía. La víctima de mobbing debe tratar de estabilizar su economía, sanearla y adquirir solvencia económica para poner cierta distancia cuando el problema es grave, pudiendo terminar con la baja del trabajador o, incluso con su separación definitiva del puesto de trabajo. El trabajador también tiene la opción de buscar la ayuda de especialistas (psicólogo, abogado, asociaciones de víctimas del mobbing[17]). La solución a un problema de acoso moral en el puesto de trabajo sólo puede darse de manera multidisciplinar; sindicatos, inspección de trabajo y médicos de empresa. En relación con esta cuestión Juan Antonio Sagardoy[18] señala: "Por encima de todo está la sensibilidad y responsabilidad de los directivos de las empresas para poner los medios eficaces que eviten que en sus empresas se den estas situaciones verdade-

---

[17] Crear grupos de apoyo y de defensa puede ser un gran paso en la lucha personal contra este fenómeno. En casi todas las comunidades encontramos este tipo de asociaciones de ayuda. AGAVAL (Asociación Gaditana de Ayuda a Víctimas de Acoso Laboral (http://usuarios.lycos.es/agaval.). A.S.A.C.A.P.T. (Asociación Aragonesa contra el Acoso Psicológico en el Trabajo. ARACAP (Asociación Aragonesa contra el acoso psicológico. Asociación Asturiana contra el Acoso Psicológico en el Trabajo). ANAMIB (Asociaciación No al Acoso Moral en el Trabajo en Islas Baleares (www.anamib.com). En Canarias: http://www.acepcamt.com/index.htm. En Castilla-La Mancha: http://acamcuenca.org. En Cataluña: http://www.xarxabcn.net/clam/. En Navarra: www.anacasit.com. En el País Vasco: www.avalacoso.com; www.avaleme.org. En Andalucía: www.asacmat.org. El instituto Vasco de Seguridad y Salud Mental, la Asociación Gallega de Salud Mental, entre otras.

[18] J. A. Sagardoy (Catedrático de Derecho del Trabajo de la Universidad Complutense de Madrid). *La dignidad en el trabajo y el mobbing*. Documento disponible en: www.el-refugioesjo.net/mobbing/12mobbing.htm. Fecha de consulta 20 de junio de 2006.

ramente lamentables". Si bien es cierto que los empleados raramente encuentran auxilio en el interior de la empresa.

Las empresas ante el mobbing tienden a negar el problema. Las organizaciones argumentan que las críticas ácidas, burlas y sarcasmos a costa de otros forman parte de la naturalidad del trabajo, invocan la naturaleza conflictiva de toda relación humana e inherente a todo grupo humano y apelan a la madurez personal de los implicados: "ya son mayorcitos para arreglar las cosas entre ellos". Hay ocasiones en las que se hace referencia a la personalidad "especial" de la víctima, que tiene una personalidad frustrada, incompetente, a la defensiva o que simplemente está enferma psicológicamente. También es importante decir que en los últimos años han proliferado las demandas por mobbing, tanto por parte de las verdaderas víctimas como de las falsas víctimas, de manera que este tipo de demandas están dejando de ser una curiosidad más o menos aislada para pasar a convertirse en un problema serio en las empresas, no sólo por la dificultad, en muchos casos, de probar la inexistencia de acoso por parte del demandado, sino por las sustanciosas indemnizaciones (que suelen ser de dos tipos, una por acoso y otra por despido) que están concediendo algunos tribunales. No hay que olvidar el daño de imagen que una condena de este tipo puede suponer para una empresa.

Las empresas deberían saber que las bromas no son sinónimo de degradamiento psicológico y moral y, por otro lado, que aun siendo los conflictos algo connatural a la especie humana, este argumento tiene una objeción fundamental desde el punto de vista ético: es difícil que pueda construirse nada (llegar a un fin) con la destrucción de los medios (trabajadores). Podemos encontrar testimonios de trabajadores que han sufrido este tipo de "destrucción", casos que cada vez son más habituales.[19] Los Derechos Fundamentales protegen en cualquier caso a la víctima.[20]

El acoso moral surge mayormente en los entornos sometidos a un elevado nivel de estrés, en los que reina una mala comunicación, y por la falta de reconocimiento en el trabajo de la propia identidad profesional. Las empresas deberían saber diferenciar qué es y qué no es acoso moral

---

[19] Disponible en: http:www.psicoconsul.com. Fecha de consulta: 8 de noviembre de 2005.

[20] 191/2003 sobre Derechos Fundamentales. "Indemniza el daño moral padecido por un ginecólogo que sufrió mobbing durante doce años, período en que su jefe de servicio denegó su acceso al quirófano, le impidió realizar la cirugía de autoconcertación y también le excluyó de la formación médica continuada (FMC)". Disponible en: http://www.mobbing.un. Fecha de consulta: 5 de noviembre de 2005.

(el concepto de acoso moral como tal no está regulado en la legislación española), deberían objetivar en lo posible todo lo que afecte a la gestión de personal, de forma que las decisiones tengan siempre una base imparcial y deberían incluir el acoso moral dentro del plan de prevención de riesgos laborales de la compañía, lo que le permitirá al empresario acreditar que adoptó todas las medidas necesarias para evitar la situación, cuestión que adquiere especial importancia teniendo en cuenta que los tribunales, en determinadas ocasiones, califican el acoso como accidente de trabajo, lo que ha abierto la puerta para la imposición de sanciones administrativas por incumplimiento de la Ley de Prevención de Riesgos Laborales.

Las propuestas que distintos autores propugnan sobre las medidas para hacer frente a la problemática del mobbing, pueden diferenciarse en distintos niveles de actuación en función de la fase del conflicto en la que se apliquen. Así, pueden distinguirse entre medidas preventivas, medidas de intervención en las fases más tempranas, intervención en las fases intermedias y apoyo a las víctimas en las últimas fases.

Es importante que los procedimientos de actuación tras una situación de acoso estén bien establecidos, de forma que resuelvan el problema de una manera rápida y eficaz. El procedimiento de denuncia es fundamental para que la política contra el acoso tenga éxito. Dos aspectos que deben ser clarificados son:

- A quién y cómo se ha de presentar la denuncia.
- Cuáles son los derechos y deberes tanto de la presunta víctima como del presunto acosador durante la tramitación del procedimiento (por ejemplo, si es o no obligatorio activar el procedimiento interno o si la activación de este excluye o no la adopción de otras medidas legales mientras esté en curso).

Resolución informal de los problemas

Dado que en la mayoría de los casos sólo se busca el cese del acoso, deben existir procedimientos tanto formales como informales. Los procedimientos informales buscan solucionar la situación a través de la confrontación directa entre las partes o a través de una o un intermediario. Por el contrario, los procedimientos formales buscan una investigación formal del asunto y la imposición final de sanciones si se confirma la existencia de acoso. Se aconseja acudir al procedimiento formal cuando el informal no de resultado o sea inapropiado para resolver el problema.

Consejo y asistencia

Se recomienda que se designe a una persona para ofrecer consejo y asistencia y participar en la resolución de los problemas tanto en los procedimientos formales como en los informales. La aceptación de tales funciones debe ser voluntaria y se aconseja que exista acuerdo en su nombramiento por parte de los representantes sindicales y de los trabajadores.

Procedimiento de reclamación

El procedimiento debe proporcionar a los trabajadores la seguridad de que sus quejas y alegaciones serán tratadas con total seriedad. Los procedimientos normales de trámite de denuncias pueden no ser adecuados en supuestos de acoso ya que los procedimientos habituales suelen exigir que las reclamaciones se presenten en primera instancia ante el superior inmediato. El problema puede plantearse cuando la persona acusada de acoso se encuentra en la propia línea jerárquica de la víctima. En estos casos cobran especial importancia las personas designadas para intervenir en los procedimientos por acoso.

Investigaciones

Las investigaciones se han de llevar a cabo con total respeto para todas las partes. Deben estar presididas por la independencia y la objetividad. Los investigadores no deben tener ninguna conexión con las partes. Se debe establecer un límite temporal para las investigaciones con el fin de evitar, por un lado, un proceso en exceso dilatado y, por otro, la imposibilidad de acudir al sistema legal. La agilidad en los trámites y en la resolución se convierte en trascendente dado que va a contribuir a minimizar el daño y a no generar, con posterioridad, nuevas e innumerables situaciones de estrés. Es conveniente que las partes puedan comparecer en las investigaciones con alguien de su confianza (amigo, asesor o representante sindical) y que se mantenga la confidencialidad.

7.1. Intervención desde la empresa o institución

El problema trasciende a la dirección de la empresa o institución y ésta puede actuar de varias formas a través del departamento de recursos humanos o desde la dirección del personal[21].

---

[21] Disponible en: www.mobbing.un. Fecha de consulta: 20 de mayo de 2006.

Solución positiva del conflicto: tras conocer el problema, la empresa, realiza una investigación exhaustiva del mismo y decide que el trabajador/a o el acosador sea cambiado de puesto de trabajo, descubre la estrategia de hostigamiento y articula los mecanismos para que no se vuelva a producir sancionando, en su caso, al hostigador. Solución negativa: normalmente y sin tener un conocimiento exhaustivo del caso debido a su nula o escasa investigación, la dirección suele ver a la víctima como el problema a combatir, reparando en sus características individuales tergiversadas y manipuladas, sin reparar en que el origen del mismo está en otra parte. De esta manera la dirección viene a sumarse al entorno que acosa activa o pasivamente a la víctima.

7.2. Actuaciones legislativas

En el ámbito de los países de la Unión Europea, los intentos de regulación de este fenómeno novedoso son escasos, siendo Suecia el primer país que ha legislado el mobbing, contemplándose el acoso moral en su Ley básica de prevención de riesgos[22]. Es de 1997 la Ley de Ambiente de Trabajo noruega y más reciente la legislación italiana al respecto. Por lo que se refiere a las instituciones comunitarias, el Consejo Económico y Social ha elaborado informes sobre el tema en cuestión. Y la Comisión Europea ha comenzado a dar los pasos previos indispensables para la regulación de esta materia, como son los concernientes a su definición, a la que han llegado un grupo de expertos constituido "ad hoc", en el que participan los gobiernos europeos, los empresarios y los sindicatos.

De acuerdo con los informes que se realizan por la Agencia Europea de Seguridad y Salud en el Trabajo, el mobbing (junto con la violencia física y el acoso sexual en el trabajo, el trabajo monótono, el elevado ritmo de trabajo determinado por las máquinas) se encuentra dentro del grupo de los llamados riesgos psicosociales, que son los que menor tratamiento legislativo han tenido hasta ahora en nuestro ordenamiento jurídico. La psicosociología sólo cuenta con algunas breves menciones

---

[22] Vocational Rehabilitation Act. 1994. Esta ley define el mobbing en los siguientes términos: "recurrentes acciones reprobables o claramente hostiles frente a un trabajador o trabajadores adoptadas en el ámbito de las relaciones interpersonales de los trabajadores de forma ofensiva y con el propósito de establecer el alejamiento de estos trabajadores respecto de los demás que operan en un mismo lugar de trabajo".

en el artículo 36.5 del Estatuto de los Trabajadores y en el artículo 15.1. d) de la Ley de Prevención de Riesgos Laborales, en lo relativo al ritmo de trabajo y al trabajo monótono.

Blanco Barea y López Parada señalan que:

"Para el Derecho, lo relevante es que el acoso afecta a la relación jurídica entre dos partes, dentro del marco general de la relación laboral, introduciendo una nueva relación basada en la conducta violenta que ejerce una parte. Interesa jurídicamente analizar los efectos de esa violencia tanto en la primitiva relación obligacional, como en la integridad moral y en la salud. Jurídicamente habrá que analizar los demás daños producidos, y las vías procedimentales establecidas para exigir la responsabilidad. La conducta violenta debe ser igualmente estudiada desde el prisma del Derecho, en orden a la imputación de los daños en vía penal y a la reclamación de daños y perjuicios. De esta forma, las diversas definiciones ofrecidas por la Psicología y Psiquiatría, serán tenidas en cuenta en todo aquello que pueda ser subsumible en una norma jurídica, o responda a alguna construcción doctrinal o jurisprudencial"[23].

En el plano jurisprudencial, el concepto clínico de acoso moral ha sido reconocido por el Tribunal Supremo, así como por un número creciente de sentencias de los Tribunales Superiores de Justicia, tanto de la Sala Social como de la Sala Contenciosa-Administrativa. El Tribunal Constitucional también ha recogido el concepto de acoso moral en el trabajo (STC 224/1999, de 13 de diciembre) y viene aplicando reglas específicas en relación con la distribución de la carga de la prueba, señalando que el demandado asume la carga de probar la razonabilidad y proporcionalidad de la medida adoptada, tildada de discriminatoria.

En nuestro ordenamiento jurídico no existe todavía ningún tratamiento específico sobre el acoso moral o mobbing[24], pero, como ya ha

---

[23] M. J. Barea y J. López Parada. "La Espiral Jurídica del mobbing: interpretación jurídica del acoso para un cambio social". Disponible en http://www.lexjuridica.com y en http://www.psicología-online.com. Fecha de consulta: 5 de noviembre de 2005.

[24] J. B. Lorenzo de Membiela, *El acoso moral en el trabajo: su indefinición jurídica*. "Es insuficiente exponer estas cifras, con independencia de su estricta precisión, para mostrar la importancia social y jurídica que ocasiona el hostigamiento moral en el mundo laboral. Es un fenómeno cierto que ya fue objetivado por expertos suecos años atrás y que en la actualidad se encuentra en plena efervescencia periodística y judicial en nuestro país. Es también un fenómeno necesario, en tanto en cuanto evidencia la compleja naturaleza humana en el mundo laboral, articulándose como medio efectivo para reprimir abusos alienantes. Sin embargo, ante esta situación tan confusa, no es extraño verificar

señalado parte de la doctrina, que no exista ninguna norma específicamente condenatoria o reguladora del acoso moral no quiere decir que no contemos ya con un conjunto de normas legales sobre las que articular, en vía interpretativa, una respuesta suficientemente contundente frente a este tipo de situaciones. La persistente atipicidad legislativa no obsta en modo alguno para afirmar su tipicidad jurídica, en cuanto que están creadas las condiciones básicas necesarias para comprender en términos jurídicamente significativos este conflicto, según sea:

- En el ámbito preventivo (deber de protección eficaz de la salud integral del trabajador, arts. 14 y 15 de la Ley de Prevención de Riesgos Laborales).
- En el ámbito reparador (deber de resarcimiento de cualquier daño a la integridad y a la salud del trabajador, art. 4.2. de la Ley del Estatuto de los Trabajadores; arts. 180 y 181 de la Ley de Procedimiento Laboral en relación con el artículo 53 de la Constitución y el artículo 7.2 del Código Civil en relación con el art. 20.3 del Estatuto de los Trabajadores).
- En el ámbito punitivo (tipificación como ilícito administrativo y penal en el artículo 8.11 de la Ley de Infracciones y Sanciones en el Orden Social).

Una vez analizada la actuación legislativa sobre mobbing se ha creído conveniente citar algún ejemplo como el de la Fundación Europea para la Mejora de las Condiciones de Vida y de Trabajo que propone diversas medidas para abordar este problema, fuera de la vía legislativa y dentro de la Responsabilidad Social Corporativa:

Fijar estándares de conductas deseables

A fin de evitar la aparición de conductas de acoso se requiere conocerlas, difundirlas y establecer de forma explícita que no serán aceptadas en la empresa, para lo cual se requiere:

---

denuncias y litigios en donde se entremezclan situaciones de malestar laboral o desavenencias con el acoso moral, convirtiéndose, de esta forma, el acosado en instigador e invirtiendo los términos de la supuesta acción defensiva en agresión ofensiva. Acorde con esta tesis la Resolución del Parlamento Europeo sobre el acoso moral en el lugar de trabajo, 2001/2339 (INI), en el Considerando F.5º, subraya que las falsas acusaciones de acoso moral pueden transformarse en un terrible instrumento de acoso moral". Disponible en: http://www.mobbing.un.

- Entrenamiento, conocimiento y discusión sobre el tema del acoso moral, por parte de los encargados y representantes de la empresa y de los trabajadores, expertos de salud y seguridad, Comités Paritarios. Es importante que todos los grupos de implicados conozcan las conductas intolerables.

- Contar con un Código de Conducta o de buenas prácticas que refleje la política de la empresa respecto a estas conductas inadecuadas, dejando claro que este tipo de comportamiento no será tolerado en la organización, fijando sanciones apropiadas al caso en cuestión.

- Este Código de Conducta debe ser conocido por todos los integrantes de la empresa, a través de mecanismos de debate y/o discusión ya que debe ser comprendido y asumido por todos los implicados.

- Establecer un plan de formación para los trabajadores para abordar de manera adecuada los conflictos que derivan de las interrelaciones personales y laborales.

Estas formaciones se deben orientar hacia los aspectos relacionados con el fomento del trabajo en equipo, aprender a comunicar, a intercambiar puntos de vista, a resolver problemas juntos; al conocimiento y formación en el manejo de factores de riesgo psicosocial como el estrés, situaciones de violencia en el trabajo, maltrato, acoso moral y sexual, entre otros.

Fijar procedimientos de manejo de conflictos

Establecer procedimientos claros y explícitos que permitan conocer y prevenir conductas de acoso moral, contar con procedimientos de quejas, contar con un sistema que permita el abordaje de los conflictos lo antes posible, a fin de evitar que estos se anquilosen o se conviertan en formas de relaciones en el grupo laboral que deriven en conductas de naturaleza abusiva o maltratadora. La dirección puede designar un mediador de los conflictos que surjan en el seno de la empresa. También aquí resulta importante considerar la entrega de herramientas útiles para el manejo de conflictos a través de la capacitación e información a todos los integrantes de la organización.

8. Conclusión

La actualidad nos pauta, en lo referente a temas de violencia en el ámbito laboral un contexto desolador y desesperanzador. Sólo nos queda pensar que existan soluciones al problema deseando que éstas sean más de carácter preventivo que punitivo, lo que vendría a suponer que siempre es más deseable evitar el mobbing que castigarlo (entendiendo que si no hay acoso, no es necesario castigar a ninguna acosador). Bajo el paraguas de la ética se encuentran tanto las leyes positivas como los principios y valores. Si se enfatizan los valores de respeto, sentido común, honestidad, empatía y profesionalidad en el mundo de la empresa, ya estaremos paliando parte del problema. Si se pone de manifiesto que las empresas deben contratar a trabajadores (en cualquier nivel jerárquico) con predisposición al trabajo bien hecho pero además con unas cualidades personales apropiadas, esto es, emocionalmente sanos y profesionalmente maduros, se podría reducir el número de dramáticos casos de los que estamos siendo testigos. Todo esto formaría parte de la ética en el mundo profesional. La empresa es responsable del bienestar de la sociedad y por tanto de sus trabajadores. El mobbing es y será siempre indeseable y reprobable desde cualquier punto de vista. Hay camino por hacer, pero no queremos poner un toque de escepticismo y cuanto menos de pesimismo sino todo lo contrario.

9. Bibliografía

AUSFELDERT, T. (2002), *Mobbing. El acoso moral en el trabajo. Prevención, síntomas y soluciones.* Barcelona: Editorial Océano, S.L.

BOSQUED, M. (2005), *¡Que no te pese el trabajo!. Cómo combatir el estrés y la ansiedad en el ámbito laboral: Mobbing, estar quemado, tecnoestrés...* Barcelona: Gestión 2000.

CARRASCO OÑATE, C. (2005), *Cartilla informativa dirigida a trabajadores: acoso psicológico, moral o mobbing.* Chile: Dirección del Trabajo, Departamento de Inspección del Gobierno (U.C.Y.M.A.T.).

DI MARTINO, V.; HOEL, H. y COOPER, C. L. (2003), *European Week for Safety and Health at Work.* Documento accessible en http://www.info4local. gov.uk.

ESCUDERO MORATALLA, J. F. y POYATOS I MATAS, G. (2004), *Mobbing: Análisis multidisciplinar y estrategia legal.* Barcelona: Bosch.

FUNDACIÓN EUROPEA PARA LA MEJORA DE LAS CONDICIONES DE VIDA Y DE TRABAJO, http://europa.eu/scadplus/leg/ es/cha/c11111.htm. Fecha de consulta: 10 de diciembre de 2007.

GARCÍA CALLEJO, J. M. (2003), *Protección jurídica contra el acoso moral en el trabajo o la tutela de la dignidad del trabajador.* Madrid: Federación de Servicios Públicos de UGT.

GONZÁLEZ DE RIVERA, J. L. (2002), *El Síndrome de Acoso Institucional. Diario Médico 18-7-2000.* Documento accesible en http//www.mobbing.un.

GONZÁLEZ DE RIVERA, J. L. (2002), *El maltrato psicológico. Cómo defenderse del mobbing y otras formas de acoso.* Madrid: Espasa Calpe.

HIRIGOYEN, M.F. (1999), *El Acoso moral. El maltrato psicológico en la vida cotidiana.* Barcelona: Paidós.

LEYMAN, H. (1996), *Mobbing. La persécution au travail.* París: Seuil

LORENZ, K. (1972), *Comportamiento Animal y Humano.* Barcelona: Plaza y Janés.

LORENZO DE MEMBIELA, J. B. (2003), *El acoso moral en el trabajo: su indefinición jurídica. Incidencia en la Administración Pública.* Barcelona: Cemical.

MARTOS RUBIO, A. (2004), *¡No puedo más! Las mil caras del maltrato psicológico.* Madrid: McGraw-Hill.

PIÑUEL Y ZABALA, I. (2001), *Mobbing. Cómo sobrevivir al acoso psicológico en el trabajo.* Santander: Sal Terrae.

—— (2003), *Mobbing. Manual de autoayuda. Claves para reconocer y superar el acoso psicológico en el trabajo.* Madrid: Aguilar.

SAGARDOY, J. A. (2002), *La dignidad en el trabajo y el mobbing.* Documento accesible en http://www.el-refugioesjo.net/mobbing/12mobbing.htm.

CAPÍTULO VII

EL PAPEL DE LAS NUEVAS TECNOLOGÍAS ENERGÉTICAS EN LA SUPERACIÓN DE LOS CONFLICTOS BÉLICOS INTERNACIONALES

José Ignacio Linares Hurtado
Director de la Cátedra Rafael Mariño de Nuevas Tecnologías Energéticas
Escuela Técnica Superior de Ingeniería, ICAI
Universidad Pontificia Comillas de Madrid

"… Una vez que los hombres supieran cómo funcionaba la naturaleza, podrían explotarla en su propio beneficio, superar la escasez con innovaciones científicas en la agricultura, superar la enfermedad con la investigación científica en medicina, y mejorar la vida del hombre en general mediante todo tipo de avances en tecnología e industria"

(Bacon)

1. EL CONTEXTO ENERGÉTICO

La humanidad se enfrenta hoy día a un importante problema energético de gran complejidad debido a las diferentes vertientes que comporta. Así, desde el punto de vista técnico-económico se está produciendo un importante crecimiento en la demanda energética, que lleva consigo el incremento de la dependencia energética de los principales países de la OCDE, en los que no suelen existir grandes reservas de fuentes de energía. Los dos factores anteriores provocan problemas en la garantía del suministro energético, llegando a provocar apagones eléctricos como los acaecidos en California en 2001 (Gómez, 2003) o fallos en el suministro de gas natural, como los ocurridos a comienzos de 2006 en Europa Central (AGENCIAS, 2006).

En un contexto geopolítico el petróleo, y en menor medida el gas natural, presentan el grave problema de tener un elevado porcentaje de sus reservas concentradas en unos pocos países, que por otra parte son de ideologías políticas en general discrepantes con Occidente. Estos países sacan partido de esta situación estratégica ejerciendo presión sobre los países occidentales, lo que contribuye a la tensión internacional. No en vano muchos de los conflictos bélicos del siglo XX han estado motivados por la voluntad de Occidente de poner fin a esta situación de presión por parte de los países ricos en recursos naturales, que han encontrado en la concentración de recursos un elemento de fuerza con el que obligar a Occidente a atender sus demandas.

Desde el punto de vista social el consumo energético en los países desarrollados crece incesantemente mientras que 1.600 millones de personas carecen de acceso a la electricidad. Por otra parte, existen muchas desigualdades de unas regiones a otras. Así, en 2002 los habitantes de países de la OCDE consumían casi 13 veces más energía primaria que los de los países africanos y 11 más que los asiáticos. Sólo en España la demanda de electricidad se ha duplicado entre 1985 y 2003, aumentando la intensidad energética un 26,3% entre 1991 y 2002. A nivel mundial el consumo de energía primaria ha crecido más de un 45% en el período 1980-2002. La tasa de crecimiento en los países de la OCDE es del 1%, siendo la media mundial del 1,5%. Este escenario se puede ver alterado por la entrada de economías emergentes (China e India) que debido a su elevada población registran tasas de crecimiento en la demanda de energía primaria del 5% (Foro Nuclear, 2004) Es de suma importancia para todos que estos países tengan acceso a las nuevas tecnologías energéticas respetuosas con el medioambiente y eficientes, con objeto de que no aumente desmesuradamente la intensidad energética (consumo de energía por unidad de producto interior bruto).

La actividad energética trae consecuencias para el medioambiente, pudiendo resumirse éstas en problemas de contaminación y lluvia ácida, daños en la capa de ozono y calentamiento global. Los problemas de contaminación están siendo atacados desde hace bastante tiempo con sistemas de filtrado, catalizadores y control de emisiones, tanto en la generación eléctrica como en el transporte; los daños en la capa de ozono se están controlando a raíz del Protocolo de Montreal (1996) y los efectos del calentamiento global a partir del Protocolo de Kioto (1997).

Ante la situación descrita surge el concepto del desarrollo sostenible, definido por la Comisión Brundtland en 1987 como aquel que garantiza las necesidades del presente sin poner en peligro la capacidad de las futuras generaciones para satisfacer sus propias necesidades. Para lograr ese desarrollo es preciso evolucionar en las tecnologías energéticas de modo que se consigan sistemas más eficientes y menos contaminantes, con unos precios razonables. Para que estas nuevas tecnologías contribuyan realmente a un desarrollo global es fundamental que se dé una transferencia de tecnología hacia los países en desarrollo, pues ellos también tienen derecho a la industrialización y al bienestar económico, pero la situación global es tan delicada que es preciso que el acceso a ese bienestar no rompa aún más el equilibrio global. Como moralmente es reprobable que los países que han alcanzado su nivel de desarrollo sin restricciones ni limitaciones de tipo medioambiental exijan ahora contención a los países en desarrollo es preciso que las nuevas tecnologías tengan precios asequibles, de modo que su implantación no suponga un retraso en el desarrollo de estos países. Esta transferencia de tecnología es especialmente importante para China e India, debido a sus altas tasas de crecimiento.

Para hacer frente a este problema se deben tomar medidas desde tres puntos de vista: legislativo, social y tecnológico. En el plano legislativo es preciso incentivar medidas que aumenten la eficiencia energética y reduzcan el nivel de dependencia energética; en el plano social es preciso informar a la sociedad de forma objetiva, con objeto de poder establecer un debate racional y que los individuos se sientan partícipes del problema y la solución; finalmente, en el plano tecnológico es preciso desarrollar técnicas que reduzcan las emisiones e incrementen la eficiencia, mejorar las tecnologías de transición, pues los cambios tecnológicos son generalmente lentos y mientras tanto no se debe frenar el desarrollo, y diversificar las fuentes de energía primaria de modo que se logre una cesta energética equilibrada.

Esta situación descrita tan desastrosa no ha de sumirnos en la desesperación, sino que nos ha de servir de aliciente para desarrollar el ingenio y lograr así una auténtica revolución energética que dé acceso global a una energía segura, respetuosa con el medio ambiente y barata. Esta situación no es la primera vez que se vive. Así, a finales del siglo XVII la madera comenzó a escasear en Inglaterra, por lo que se comenzaron a explotar campos de carbón que afloraban casi a nivel superficial. Conforme se fueron agotando dichos yacimiento superficiales fue preciso excavar minas más profundas, que se inundaban. Para extraer esa agua se desarrollaron las máquinas de vapor, como las de Newcomen

(Bejan, 1997), que accionaban bombas hidráulicas. A medida que se perfeccionaba la tecnología de la máquina de vapor pasó a la industria textil, al transporte,... y así surgió la Revolución Industrial. Es decir, la humanidad supo aprovechar una crisis energética para dar un salto cuantitativo y cualitativo importantísimo. ¿Será capaz la sociedad actual de hacer algo similar, aprovechando los conocimientos adquiridos desde entonces?

2. LOS COMBUSTIBLES FÓSILES

2.1. Situación actual

Los combustibles fósiles son responsables del calentamiento global por su contenido en carbono, así como de la lluvia ácida por su contenido en azufre y la formación de óxidos de nitrógeno en su combustión; finalmente son responsables también de la polución por las cenizas y partículas procedentes de su combustión.

Además de esos problemas, que técnicamente se pueden resolver, presentan la peculiaridad de que sus reservas son finitas. Se estima que al ritmo actual de consumo las reservas de petróleo mundial durarían 40 años, las de gas natural 60 y las de carbón 200 (Internacional Energy Agency, 2002). Sin embargo, antes del agotamiento de las reservas comenzará una escalada importante de precios debido a que se habrá alcanzado el máximo de producción (Rifkin, 2002) (campana de Hubbert) y la oferta no podrá seguir a la demanda. Es por ello que es preciso plantear un nuevo modelo energético que a medio plazo sustituya al petróleo y al gas natural y que a corto plazo presente una elevada eficiencia y unas bajas emisiones.

2.1.1. *Petróleo*

Los yacimientos de petróleo se encuentran muy localizados, como se deduce de la Tabla 1, que muestra que Oriente Medio acumula el 64% de las reservas mundiales. Aunque puede dedicarse a diferentes fines energéticos (producción eléctrica en centrales térmicas de fuelóleo, calefacción por fuelóleo o gasóleo,...) sin duda el sector transporte es el que hoy por hoy más petróleo demanda, tal como se muestra en la Tabla 2.

Tabla 1. Distribución mundial de reservas de petróleo

Oriente Medio	64%
Centroamérica y Suramérica	9%
Norteamérica	8%
África	7%
Antigua Unión Soviética	6%
Asia del Pacífico	4%
Europa	2%

Fuente: Internacional Energy Agency, 2002.

Tabla 2. Usos del petróleo

Transporte	40%
Calefacción	30%
Industria no petroquímica	23%
Petroquímica	7%

Fuente: M. Gálvez, 2005.

Además de la importancia del sector transporte, la Tabla 2 revela que sólo el 7% del petróleo consumido a nivel mundial se dedica a la industria química (obtención de plásticos, fibras,...). Esto no deja de constituir un contrasentido, pues así como hay sustitutos energéticos del petróleo, no los hay para las aplicaciones químicas, por lo que la prudencia aconseja derivar el petróleo mayoritariamente hacia el sector químico y comenzar a emplear cuanto antes otras alternativas energéticas, incluso para el transporte. Así, a título comparativo, con 88 litros de gasolina (por ejemplo un viaje de Madrid a Ferrol) se pueden producir 21 camisas de poliéster, 330 m de plástico para invernadero, 160 m de manguera, 30 rollos de cable de polipropeno, 6 mantas, 3 neumáticos de coche, 17 neumáticos de bicicleta y 500 pares de medias de nylon (Gálvez, 2005).

Aunque cronológicamente la era de los combustibles fósiles comienza con el carbón, el petróleo lo desplaza en el siglo XX, dada su mayor facilidad de manipulación. Este hecho, junto con el crecimiento en la demanda energética mundial a partir de la segunda mitad del siglo XX ha traído consigo la aparición de varias "crisis del petróleo" (Gálvez, 2005), donde se han puesto de manifiesto las tensiones internacionales y cómo la distribución no homogénea del recurso favorece situaciones de presión, muchas de las cuales han culminado en conflictos internacionales. La primera crisis del petróleo tuvo lugar en 1971 con la guerra Árabe-Israelí; la segunda en 1973 con la guerra del Yon-Kippur; la tercera en 1978 con la caída del Sha de Persia y la guerra Irán-Irak; la cuarta en 1999 con el recrudecimiento del conflicto Árabe-Israelí. En todas estas crisis el petróleo experimenta incrementos de precios, subiendo en la cuarta crisis de 10 a 40 $/barril. Como parte de ese conflicto Estados Unidos invade Irak (primera guerra del Golfo) y el precio baja a 20 $/barril. En la actualidad se podría decir que estamos inmersos en la quinta crisis, caracterizada por un continuado incremento del precio, llegando a 68 $/barril en agosto de 2005.

En la situación actual también hay conflictos armados que influyen en el precio del crudo, como la guerra de Irak (segunda guerra del Golfo) o la constante escalada de tensión entre árabes e israelíes; por otra parte, surgen nuevas condiciones de contorno en el contexto político, como la política de nacionalizaciones de Evo Morales en Bolivia.

2.1.2. *Gas natural*

La situación para el gas natural resulta menos agudizada que para el petróleo, aunque en líneas generales es similar. La Tabla 3 muestra el reparto de las reservas de gas en el mundo, apreciándose que siendo importante la participación de Oriente Medio el recurso está más repartido. En cuanto a los usos, casi todo el gas natural se consume en generación eléctrica y calefacción, pues aunque es posible aplicarlo al sector transporte su empleo está restringido a flotas de autobuses urbanos debido a la baja autonomía conseguida.

Tabla 3. DISTRIBUCIÓN MUNDIAL DE RESERVAS DE GAS NATURAL

Oriente Medio	45%
Antigua Unión Soviética	28%
Asia del Pacífico	8%
África	7%
Centroamérica y Suramérica	4%
Norteamérica	4%
Europa	3%

Fuente: Internacional Energy Agency, 2002.

Otro elemento diferenciador entre el gas natural y el petróleo es la percepción que tiene la sociedad sobre ellos. Así, mientras el petróleo es percibido como una energía muy contaminante, la idea que se tiene del gas natural es de una energía limpia y respetuosa con el medio ambiente. Esta percepción se basa en que el gas contiene bajas concentraciones de elementos nocivos, como azufre, y no produce cenizas. Por otra parte, dado su bajo contenido en carbono es el combustible fósil de menor efecto invernadero por energía producida. Un tercer argumento es que cuando el gas se emplea en centrales eléctricas éstas suelen ser de ciclo combinado, que presentan un rendimiento del orden del 40% más alto que las centrales térmicas de carbón o fuelóleo.

Si bien no ha habido crisis energéticas asociadas al gas natural, sí ha comenzado a haber problemas de suministro en Centro-Europa a principios de 2005, lo que hace pensar que a corto plazo también sobre este combustible se comiencen a ejercer políticas de presión, aunque siempre serán menos intensas que sobre el petróleo debido a que el gas está algo más repartido y no se emplea masivamente en el sector transporte.

2.1.3. *Carbón*

Pese a ser el combustible fósil que comenzó a utilizarse en primer lugar de forma masiva con la Revolución Industrial hoy día su uso está restringido a la generación eléctrica, estando en declive los usos térmicos, para los que se prefiere el gas natural. La situación de este combustible difiere ostensiblemente de los otros dos, pues sus reservas son mucho más abundantes, encontrándose además muy repartidas por el mundo. Por otra parte, en Europa sí existen yacimientos importantes.

Pese a estas ventajas, la percepción social del carbón es, con mucho, la peor de todos los combustibles fósiles, y va asociada siempre a unas elevadas emisiones, suciedad, hollín, cenizas, ... Como se verá en el siguiente apartado, esta imagen no se corresponde con la realidad de las tecnologías actuales, y habría que hacer esfuerzos desde las Administraciones para cambiarla, pues en el carbón se puede encontrar una de las vías de transición para alcanzar un futuro escenario energético más sostenible.

2.2. Nuevas tecnologías energéticas

El contexto actual de los combustibles fósiles sugiere seguir nuevas líneas de actuación, entre las que destacan el abandono de los usos energéticos del petróleo, la intensificación del uso del carbón para generación eléctrica y producción de hidrógeno con captura de CO_2 y el empleo del gas natural como medio de transición para producir hidrógeno.

Se ha explicado que el petróleo tiene alternativas energéticas, pero carece de ellas en la síntesis química. Es por ello que, dada la cantidad finita del recurso, la sociedad debe sustituir el petróleo por otras fuentes energéticas, dedicándolo a aquello para lo que es indispensable y cuya demanda es mucho menor. Así, como el uso actual en la industria química es de solo el 7%, quedando satisfecha la demanda, significa que las reservas de petróleo durarían 40 x 100 / 7 = 571 años si sólo se dedicasen a fines químicos, siendo éste un período más que suficiente para encontrar algún otro tipo de alternativa.

La sustitución paulatina del petróleo ya se está llevando a cabo parcialmente. En este sentido, las centrales térmicas de fuelóleo se emplean poco en la actualidad, siendo reemplazadas o "repotenciadas" por centrales de ciclo combinado. En usos térmicos (principalmente calefacción) está siendo sustituido por gas natural, siendo en este sentido importantes las ayudas concedidas desde las Administraciones públicas subvencionando el cambio. Sin embargo, donde aún no se ha comenzado la sustitución es en el sector transporte, que hoy por hoy supone el 40% del consumo mundial de petróleo. Existen alternativas para esta sustitución, siendo las más próximas en el tiempo los biocarburantes (biodiesel y bioetanol), cuyo nivel tecnológico de obtención está próximo a la madurez aunque su implantación es aún escasa, dado que su uso en motores presenta ciertos problemas técnicos que por otra parte no resultan insalvables. Para más largo plazo se presentan como alternativas los vehículos con pila de combustible o eléctricos con baterías avanzadas, siendo hoy día los vehículos híbridos una tecnología de transición muy interesante dada su elevada eficiencia, aunque sería preciso una política de apoyo que permitiese reducir los precios hasta que lo hiciese el propio mercado al aumentar considerablemente la producción.

El carbón no disfruta, como ya se ha dicho, de apoyo social. Sin embargo, el gran volumen de reservas lo convierte en una fuente indispensable para un futuro energético sostenible, principalmente debido a que con las nuevas tecnologías energéticas es posible paliar los problemas de emisiones y eliminar los de calentamiento global. Las nuevas tecnologías disponibles para el carbón permiten aprovechar una central existente incrementándole el rendimiento (y por tanto reduciendo las emisiones por kWh producido) o bien crear centrales nuevas más limpias y eficientes.

La tecnología que permite aprovechar las centrales de carbón incrementando su rendimiento se denomina "repotenciación", y admite tres variantes (Petchers, 2003), siendo común a todas ellas una nueva instalación consistente en una turbina de gas.

a) Se sustituye la caldera original de la planta de carbón por una caldera de recuperación, de modo que los humos de la turbina de gas producen el vapor que demanda la turbina de vapor Se trata de la opción de mayor inversión pero también de mayor rendimiento (54%).

b) Se aprovecha la caldera original, aunque con algunas modificaciones para tomar el aire del escape de la turbina de gas; requiere también que los calentadores de agua se modifiquen para no ser alimentados todos ellos con extracciones de las turbinas sino con los gases da la caldera. Las inversiones son menores que en la opción a), siendo el rendimiento del 49%.

c) Se deja inalterada la caldera y los humos de la turbina de gas se emplean en calentar el agua de alimentación. Se trata de la opción de menor inversión, con rendimientos que oscilan entre el 46 y el 50%.

Entre las tecnologías de nuevas centrales destacan:

a) Centrales ultrasupercríticas. En ellas la presión en la caldera es superior a 220 bar, alcanzando rendimientos entre el 45 y 50%. Dichas centrales son alimentadas mayoritariamente con carbón pulverizado, aunque algunas también emplean gas natural (licuado o canalizado).

b) Combustión en lecho fluidizado. La combustión convencional de las calderas de carbón es en lecho fijo o parrilla. Una técnica que se puede considerar ya madura es la combustión en lecho fluidizado, que puede ser atmosférica (AFBC) o presurizada (PFBC), siendo la segunda más compacta que la primera. En ambos casos se trata de hacer circular el carbón pulverizado por un lecho de arena en el que con la inyección de caliza se reduce la formación de SO_x; por otra parte se realiza una refrigeración de lecho (cuyo calor es aprovechado por la central) para que la temperatura de la combustión se desarrolle a no más de 850°C, de modo que se reduzca la formación de NO_x. Ambas configuraciones se pueden emplear en ciclo combinado, sacando gran partido de las integraciones entre los diferentes procesos. En España hay una planta piloto de PFBC en ciclo combinado en Teruel (ESCATRÓN) construida en 1990 que presenta unas emisiones de 0,54 g/kWh de NOx y 0,8 g/kWh de SOx. El rendimiento es algo bajo para ser un ciclo combinado (36,5%) debido a que la planta se hizo a partir de una antigua central de carbón existente y no pudo lograr una integración adecuada de los componentes (Endesa, 1988).

c) Gasificación de carbón integrada en ciclo combinado (GICC). Se trata de obtener a partir de carbón, en la misma central, un gas de síntesis que mayoritariamente contiene H_2 y CO y que se emplea para alimentar a la turbina de gas, llevando sus humos a una caldera de recuperación. El proceso físico de la gasificación es exotérmico, aprovechando su calor para producir parte del vapor que demanda el ciclo de baja. Con el carbón en estado gaseoso es posible llevar a cabo el proceso de desulfuración de manera mucho más eficiente que en una central convencional. En España hay una planta piloto GICC en Puertollano (ELCOGAS), construida en 1997 que presenta unas emisiones de NOx de 0,391 g/kWh y de 0,066 g/kWh de SOx. El rendimiento de la planta es superior al 47% (Elcogas, 1997). El hecho de que el gas de síntesis contenga hidrógeno puede ser utilizado para producir éste al mismo tiempo que electricidad, como se comentará más adelante. Esta transformación permitiría emplear el carbón como energía primaria para el sector transporte, a partir de vehículos de pila de combustible alimentada por hidrógeno.

Las tecnologías de lecho fluidizado y gasificación pueden ser también empleadas como "repotenciación", convirtiendo antiguas centrales de carbón pulverizado en ciclos combinados.

El gas natural se emplea con fines térmicos y para producir electricidad a partir de ciclos combinados principalmente. Habida cuenta de la limitación de reservas, sería preciso pensar en sustitutos y en aprovechar de la manera más eficiente el uso actual. En este sentido, los usos térmicos podrían quedar satisfechos mediante biomasa, sobre todo para instalaciones centralizadas. Desde el punto de vista de producción eléctrica los ciclos combinados ya poseen elevados rendimientos (superiores al 50%), y al ser el gas natural un combustible con bajo contenido en carbono las emisiones de gases de efecto invernadero son las menores en generación eléctrica (unos 400 g/kWh frente a 550 de ciclos combinados operados con fuelóleo, por ejemplo) (Petchers, 2003). Las emisiones de SOx son también reducidas al ser muy bajo el contenido de azufre del gas natural. Para reducir los NOx se emplean técnicas de adición de agua, ya sea en fase líquida (ciclos HAT) o vapor (ciclos STIG), con lo que se logra además mejorar el rendimiento (Haywood, 2000). Finalmente, es posible aumentar la potencia de la turbina de gas si ésta acciona con sus humos una máquina de absorción que refrigera su admisión, consiguiendo así un importante incremento en el rendimiento (Ceballos, 2006).

Desde el punto de vista del uso futuro del gas natural, no obstante, sería preciso desvincularlo de la tecnología de los ciclos combinados (dejando para éstos la gasificación integrada en ciclo combinado o la "repotenciación" de centrales de carbón) debido a que en las centrales de ciclo combinado con gas natural el coste del combustible representa más de las 3/4 partes del coste de generación (Sabugal y Gómez, 2006). En su lugar sería mejor emplear el gas natural en tecnologías de transición, como la poligeneración y la producción de hidrógeno mediante reformado de gas natural, que es una tecnología madura y que permitirá producir hidrógeno de forma masiva y barata para los primeros años de la economía del hidrógeno hasta que las otras tecnologías de producción estén maduras.

Común al uso de todos los combustibles fósiles existe la tecnología de captura y secuestro de CO_2, encontrándose en diferentes niveles de desarrollo. A nivel de captura, ésta puede hacerse antes, durante o después de la combustión. En los tratamientos pre-combustión se descarboniza el combustible, por ejemplo mediante la gasificación del carbón ya comentada, de modo que del gas de síntesis formado se extrae el hidrógeno que es quemado; el tratamiento durante la combustión más frecuente es la oxi-combustión, consistente en retirar el nitrógeno del aire que se va a emplear como comburente, con lo que se logra la supresión de los NOx y tener unos humos con una alta concentración de CO_2, de modo que tras condensar el agua el gas resultante es fundamentalmente CO_2; finalmente los tratamientos post-combustión consisten en separar el CO_2 de los productos de la combustión mediante procesos de absorción química (fundamentalmente en aminas), adosrción en diferentes sustancias químicas, procesos físicos y químicos en membranas y técnicas de criogenización (destilación a baja temperatura). Si bien la tecnología de captura resulta realizable hoy día (por ejemplo la separación mediante membranas presenta costes asumibles en instalaciones centra-

189

lizadas) (García-Peña, 2006) la tecnología de secuestro o confinamiento del CO_2 producido aún está en desarrollo. En la medida en que esta tecnología vaya madurando los combustibles fósiles podrán ser una interesante alternativa, especialmente el carbón que se convertiría en una tecnología de transición con un horizonte temporal suficientemente amplio.

3. LAS ENERGÍAS RENOVABLES

Las energías renovables presentan un elevado potencial para contribuir a reducir la dependencia energética pues presentan un carácter autóctono, lo que facilita la reducción de tensiones internacionales e impide ejercer una posición de presión a los países productores. Sin embargo, frente a esta ventaja las energías renovables resultan muy caras a día de hoy, estando muchas de ellas aún en fase de demostración, y siendo preciso contar con ayudas y subvenciones de las Administraciones para facilitar su penetración en el mercado, que pese a ello resulta dificultosa.

En general el potencial de las energías renovables para contribuir a la cesta energética es escaso, siendo este un tema controvertido (García-Casals, 2005). Al margen del discutible potencial, un inconveniente que arrastran muchas renovables es la incertidumbre o volatilidad del recurso. Este problema ha de ser corregido mediante sistemas de acumulación que sean capaces de almacenar los excedentes de energía para emplearlos en épocas de escasez del recurso. Unas pocas energías renovables, como la biomasa y la geotérmica, no presentan este problema, pudiendo emplearse para regular las demás. Otra opción que permitiría afrontar el problema de la volatilidad es lograr una integración masiva de estas energías de modo que a nivel nacional los excedentes de unas centrales compensasen la inactividad de otras (García-Casals, 2005).

El problema de la estacionalidad se pone de manifiesto en la Figura 1, que recoge la potencia instalada de producción eléctrica en España en 2003 y la energía producida en ese mismo año. Se aprecia cómo la energía nuclear aún disponiendo sólo del 12% de potencia instalada produce más del 23% de la energía demandada, debido a que es capaz de operar a plena carga de forma constante; por el contrario las renovables pese a representar más de un 38% de la potencia instalada sólo son capaces de producir menos de un 24%, es decir, tanto como la nuclear teniendo más de 3 veces de potencia instalada. Se observa que la participación de las centrales fósiles es la misma tanto en potencia como en energía, lo que significa que pese a tener instalada una potencia elevada no trabajan todo el tiempo debido a sus elevados costes de producción, que hacen que entren en el mercado otras energías más baratas en primer lugar (gran hidráulica y nuclear).

En la Figura 2 se detalla la contribución de las diferentes energías primarias a la producción de electricidad en 2003 en España (cuyos resultados refundidos aparecen en la Figura 1.b). Se aprecia que la energía renovable más implantada es la gran hidráulica[1]. A bastante distancia aparece la eólica (un 31% de la gran hidráulica), para situarse luego la biomasa (incluyendo los residuos)[2] y casi con la misma importancia la minihidráulica.

Fig. 1. Distribución por fuentes de la energía eléctrica en España en 2003

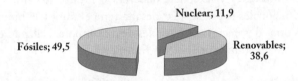

(a) Potencia instalada para generación eléctrica en España en 2003 según la energía primaria

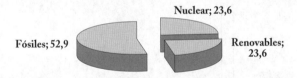

(b) Origen de la energía eléctrica producida en España en 2003

Fuente: Foro Nuclear, 2005.

---

[1] Se distingue entre gran hidráulica y minihidráulica debido a que la legislación española admite diferentes precios al productor. Así, la minihidráulica, el resto de renovables y la cogeneración se incluyen en el llamado Régimen Especial.

[2] Los colectivos ecologistas no son partidarios de incluir los residuos en la biomasa, si bien mi opinión es que forman parte de la biomasa de origen humano y pueden ser revalorizados en las plantas que producen electricidad a partir de ellos, con tal de que se verifiquen las condiciones para el control de las emisiones que pueden aparecer en la combustión (dioxinas ...).

La situación en España sobre las renovables es que, además de la hidráulica clásica, que se desarrolló de manera muy temprana como en todos los países, la eólica ocupa un lugar privilegiado, siendo España una potencia mundial en la fabricación de aerogeneradores (Arenas et al, 2006). Sin embargo, no se explica que ni la biomasa ni la energía solar no alcancen unas cotas de desarrollo más importantes. El aprovechamiento de la biomasa no es técnicamente complejo, siendo empresas españolas líderes mundiales en la producción de biocarburantes (Novales, 2006; Eugui, 2006). Por otra parte, si bien la tecnología solar de alta temperatura presenta problemas técnicos importantes España dispone de la Plataforma Solar de Almería, del CIEMAT, donde el nivel de investigación es importantísimo, pero falta que despeguen las iniciativas empresariales. En este sentido se están iniciando experiencias de centrales solares de colector central con torre y de colectores cilindro-parabólicos, pero son todavía escasas (Gómez-Zamora, 2005). Una vez desarrolladas la hidráulica y la eólica, deberían centrarse los empujes y ayudas institucionales sobre la solar de alta temperatura y la biomasa, pues son las otras dos energías renovables de mayor potencial, pudiendo además la biomasa contribuir al sector transporte.

Fig. 2. Distribución de la producción eléctrica en España en 2003

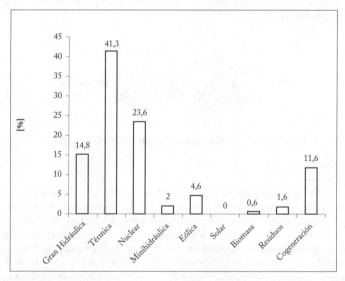

Fuente: Foro Nuclear, 2005

4. LA ENERGÍA NUCLEAR

4.1. Situación actual

La energía nuclear hoy por hoy resulta una tecnología consolidada, que posee más de 11.000 años-reactor de experiencia operacional (Linares, Herranz, Moratilla y López-Álarez, 2006) y que ha sabido aprender de sus errores. Por otra parte, pese a ser una industria consolidada, también está en constante investigación y desarrollo tecnológico con objeto de superar y mejorar aún más su comportamiento en servicio. Pese a esto, la energía nuclear resulta incluso peor percibida por la sociedad que el carbón. La imagen que se tiene de ella es de una energía insegura, peligrosa y no sostenible. Esto, sin embargo, es fruto más bien de la manipulación informativa que desde muchos sectores se lleva a cabo y la que da sus frutos debido al desconocimiento tecnológico de la sociedad en general. A menudo resulta exhibido el accidente de 1986 en Chernobil, sin explicar seguidamente que dicho accidente casi se podría calificar de provocado por los operadores de la central al querer realizar un experimento con una central real, que por otra parte por su principio de funcionamiento tiene tendencia a la intestabilidad, y que al no lograr los objetivos deseados se decidieron a quitar las protecciones que la propia central tenía implantadas, de modo que cuando la reacción se descontroló fue imposible detenerla (Murray, 2001). En las sociedades más avanzadas en las que esto se ha explicado debidamente no se produce un rechazo tan irracional hacia la energía nuclear.

Por otra parte, la energía nuclear puede contribuir en gran medida a aliviar las tensiones internacionales y a un desarrollo más sostenible por las siguientes razones:

– carece de emisiones de efecto invernadero.
– el combustible se encuentra muy repartido a nivel mundial, y presente en países más estables que el petróleo o el gas natural (Foro Nuclear, 2005).
– el combustible representa menos del 25% del coste de generación, por lo que el precio de la electricidad nuclear no resulta sensible a alternaciones sociopolíticas (Foro Nuclear, 2005).

Respecto a los problemas de seguridad hoy por hoy son muy reducidos, existiendo siempre un regulador público que vela por ellos. Por otra parte, las centrales de III Generación reducen los problemas de seguridad en varios órdenes de magnitud con la incorporación de nuevas tecnologías. En cuanto a los problemas de residuos hoy día hay soluciones técnicas viables como los almacenamientos temporales, en seco, capaces de albergar residuos durante 100 años o los almacenamientos geológicos profundos. Otras soluciones más avanzadas, como la transmutación, están en fase de investigación. En este sentido, resultan muy ilustrativas las recientes declaraciones de Patrick Moore, uno de los co-fundadores de GREENPEACE (Moore, 2006) en las que defiende que la energía nuclear es la única energía de gran escala con capacidad para reducir las emisiones de CO_2 con costes aceptables y una elevada seguridad.

4.2. Nuevas tecnologías energéticas

Desde el punto de vista de las nuevas tecnologías energéticas ya se ha citado la III Generación, constituida por varios proyectos internacionales, principalmente europeos, en los que se buscan centrales evolucionadas a partir de la II Generación (los reactores actualmente en operación) que redunden sobre todo en una mayor seguridad. Otro proyecto de más largo plazo resulta la IV Generación (Office of Advanced Nuclear Research, 2005). También se trata de un proyecto internacional, en este caso liderado por Estados Unidos. Los objetivos de la IV Generación son mejorar los aspectos económicos de las centrales nucleares (tratar de hacer instalaciones menos intensivas en capital, con mayor vida útil y menores períodos de retorno de la inversión), aumentar la seguridad, evitar la proliferación de armamento y reducir los residuos. Estos objetivos se lograrán mediante diseños más eficientes, con mejor aprovechamiento del combustible y con menores inversiones por kW, una vez la tecnología haya madurado. Existen varios diseños actualmente en estudio para desarrollar esta nueva generación de reactores, resumiéndose en la Tabla 4 los más significativos. Se aprecia que cuatro de las seis propuestas emplean ciclo Brayton, es decir, de turbina de gas. Esto es una novedad significativa respecto a la II Generación, que incluso en los reactores refrigerados por gas recurre al ciclo de Rankine, es decir, de turbina de vapor. Si bien se espera que estos diseños estén operativos a partir de 2030, el llamado VHTR (Very High Temperature Reactor) lleva un desarrollo mucho más rápido, estando previsto el comienzo de la construcción de una planta en Sudáfrica en 2007. Con este reactor se pueden alcanzar eficiencias del orden del 50%, siendo además posible operarlo en carga parcial sin perder rendimiento y manteniendo el coste de generación (menor de 45 €/MWh) (López-Álvarez, 2006), lo que le permite una mayor flexibilidad para entrar en los mercados liberalizados. Otra característica importante de la Generación IV es su capacidad para producir hidrógeno, además de electricidad. Como se observa en la Tabla 4, a excepción de los reactores que operarían con ciclo Rankine todos los demás serían capaces de producir hidrógeno ya sea mediante electrólisis de alta temperatura o mediante ciclos termoquímicos.

En cuanto a la forma de producir la electricidad, en la Generación IV se prevén dos esquemas: reactores modulares (hasta aproximadamente 250 MWe), y grandes reactores (por encima de 1.000 MWe). El segundo esquema es similar al actual, mientras que el primero permitiría crear una red de centrales nucleares similar a la de la generación distribuida, o bien aprovechar la economía del diseño modular.

Tabla 4. CARACTERÍSTICAS PRINCIPALES DE LOS DISEÑOS DE REACTORES DE GENERACIÓN IV)[23]. (E: PRODUCCIÓN DE ELECTRICIDAD; H: PRODUCCIÓN DE HIDRÓGENO)

	Espectro neutrónico	Refrigerante	Temperatura [°C]	Potencia [MWe]	Productos	Ciclo
GFR	rápido	He	850	288	E & H	Brayton
LFR	rápido	Pb-Bi	550 – 800	50 – 1200	E & H	Brayton
MSR	epitérmico	Sales de F	700 – 800	1000	E & H	Brayton
VHTR	térmico	He	1000	250	E & H	Brayton
SFR	rápido	Na	550	150 – 1500	E	Rankine
SCWR	térmico o rápido	H2O	510 – 550	1500	E	Rankine

Fuente: Office of advanced nuclear research, 2005.

5. EL MITO DEL HIDRÓGENO

Hoy día se está presentando al hidrógeno como una energía sustituta de los actuales combustibles fósiles, de modo que pueda hablarse en el futuro de la "economía del hidrógeno", es decir, que dicho combustible será el sustituto de los combustibles fósiles, descansando sobre él el desarrollo tecnológico de la humanidad, como ahora lo hace mayoritariamente sobre los combustibles fósiles. No obstante, para que la economía del hidrógeno pueda ser una realidad es preciso que el hidrógeno, que no es una fuente energética, se pueda producir a partir de recursos autóctonos, a bajo coste y de manera respetuosa con el medioambiente y que las tecnologías de uso final ganen una cuota de mercado significativa.

El hidrógeno es un portador de energía (un vector energético), y éste es uno de los principales aspectos a tener en cuenta para lograr los beneficios que promete la economía del hidrógeno. Existe un amplio abanico de posibilidades para producir hidrógeno: procedimientos químicos, disociación del agua por calor (termólisis), disociación del agua por electricidad (electrólisis), fermentación y disociación del agua mediante luz (fotólisis). Dichos procedimientos pueden ser implantados desde diferentes recursos energéticos: combustibles fósiles, energía nuclear y energías renovales, pudiendo recurrir a más de una fuente varios de ellos, como por ejemplo la termólisis o la electrólisis de alta temperatura, que se pueden lograr tanto desde la energía nuclear como desde la solar de alta temperatura.

Hoy día casi todo el hidrógeno se obtiene a partir del gas natural mediante reformado. Pese a resultar una opción barata y tecnológicamente madura resulta evidente que si se pretende que el hidrógeno sustituya a los combustibles fósiles y sea sostenible es preciso que la energía primaria sea o bien renovable o bien nuclear, o siendo fósil, que el combustible tenga un elevado nivel de recursos (carbón).

Entre las opciones renovables de tipo centralizado y con capacidad para grandes producciones de hidrógeno la energía solar de alta temperatura ocupa un lugar destacado, aunque el desarrollo tecnológico se prevé para el largo plazo. La biomasa se sitúa con buenas perspectivas, menores costes que la solar, y un horizonte de aplicación más próximo, aunque la producción de hidrógeno por este medio entra en competencia con la producción de biocarburantes, más sencilla y de mayor facilidad de penetración en el mercado. Una alternativa que sería de transición, pero que por su extensión en el tiempo se podría considerar comparable con las fuentes renovables y nuclear es la producción de hidrógeno mediante gasificación de carbón con captura de CO_2. Si este proceso se integra en ciclo combinado (GICC) presenta una gran flexibilidad, pues la misma planta puede producir hidrógeno y electricidad intensificando más un producto u otro según la demanda.

La energía nuclear se presenta como una tecnología carente de emisiones de efecto invernadero y con soluciones tecnológicas viables a sus residuos que comparte los procedimientos para producir hidrógeno con la energía solar de alta temperatura (electrólisis de alta temperatura y termólisis), aunque con menores costes previstos.

Además de la necesidad de obtención, las propiedades físicas del hidrógeno hacen que su almacenamiento sea realmente complejo, pues se trata de un gas muy ligero. En este sentido hoy día el hidrógeno gaseoso presurizado es el medio que tecnológicamente está más maduro y presenta unos ratios aceptables de masa almacenada respecto a la masa total del sistema. El sistema que presenta este índice más elevado es el hidrógeno líquido, pero su manejo es complejo, siendo por otra parte muy elevado el consumo energético en el proceso de licuefacción (del orden del 30% de la energía contenida en el hidrógeno almacenado). La tecnología de hidruros metálicos está muy desarrollada, pero presenta el inconveniente del elevado peso. Finalmente, otras técnicas como nanotubos de carbono y clatratos se prevén para más largo plazo.

A nivel de infraestructuras de transporte son precisos grandes cambios. Para el suministro a grandes núcleos el sistema puede ser como el actual, mediante carretera en botellas presurizadas, transporte licuado en ferrocarril o barco o bien como gas canalizado. Sin embargo, los principales cambios los demandará el sector transporte a través de la red de "hidrogeneras" donde está por determinar tanto el sistema de almacenamiento como de repostaje.

Desde el punto de vista de las aplicaciones, la más común es la conversión directa de la energía química del hidrógeno en electricidad a través de la pila de combustible, que presenta un elevado rendimiento al tratarse de un proceso electroquímico. Existen una gran variedad de pilas, adecuadas cada una de ellas para ciertas aplicaciones. Así, las PEMFC, AFC y DMFC se destinan a transporte y aplicaciones portátiles, las PAFC a aplicaciones de micro-cogeneración, las MCFC a aplicaciones estacionarias de cogeneración y las SOFC a estacionarias con hibridación con microturbinas de gas.

Todo lo anterior hace que a nivel social el hidrógeno sea aceptado como una energía del futuro, limpia y que a la sociedad va a permitir liberarnos de la tiranía de los combustibles fósiles. Debido a esto tanto desde Estados Unidos como desde la Unión Europea se ha dado un importante apoyo a toda la investigación alrededor del hidrógeno y las pilas de combustible. Este apoyo debe ser celebrado, pues permitirá avanzar en el conocimiento y dominio de esta tecnología, pero no debe hacer perder la referencia de que el hidrógeno no es la energía del futuro, sino un portador de energía (quizás del futuro) que se debe apoyar en energías primarias y que su limpieza dependerá de cuales sean estas energías primarias. Por otra parte, tampoco la elevada eficiencia de las pilas de combustible (superior al 50%) ha de confundir, pues si se analiza el proceso completo ese 50% habrá de ser multiplicado por no más del 80% (y alrededor del 40% en los futuros sistemas masivos de producción por termólisis), obteniendo finalmente un 40% de eficiencia global en el uso de la energía primaria del hidrógeno, lo que sólo será soportado si ésta es renovable o muy abundante (carbón con secuestro de CO_2, nuclear o solar). Además, muchos sistemas de almacenamiento presentan importantes consumos energéticos (compresión, licuefacción,...). Esto no quiere decir en absoluto que el hidrógeno sea un espejismo, sino que llama la atención sobre que no puede ser la solución única al problema energético, devolviéndonos al hecho de que el modelo energético se debe basar en una cesta que combine diferentes fuentes, aprovechando cada una de la manera más eficiente posible. Así por ejemplo, sería muy importante el uso del hidrógeno como almacén energético, facilitando la penetración de ciertas energías en el sector transporte, como la eólica o la nuclear, impensable hoy día.

6. NUEVO PARADIGMA DE GENERACIÓN ELÉCTRICA: LA GENERACIÓN DISTRIBUIDA

Para finalizar este viaje por las nuevas tecnologías energéticas y cómo éstas pueden contribuir a relajar las tensiones y conflictos internacionales por el abastecimiento energético es preciso detenerse en lo que para muchos es el futuro de la generación eléctrica: la generación distribuida o dispersa.

En los primeros tiempos de la generación eléctrica la producción de electricidad era en pequeños equipos muy repartidos y cerca de los clientes. Sin embargo, el paso del tiempo y el aprovechamiento de las economías de escala llevaron a construir grandes centrales lejos de los usuarios y con grandes líneas de transporte interconectadas y apoyadas entre sí. Pese a este esquema, que ha resultado bastante exitoso, existían aplicaciones especiales que ya sea por calidad del suministro (bancos, centros financieros,...) o por fiabilidad (hospitales, aeropuertos,...) mantenían grupos electrógenos con generadores diesel normalmente, o baterías, con objetos de tener el respaldo suficiente en caso de falta de suministro. Hoy día se plantea volver a un esquema de generación distribuida, aunque coexistiendo con el clásico.

Se entiende por generación distribuida (EPRI) (Casado, 2003) la utilización, de forma integrada o individual, de pequeños generadores por parte de compañías eléctricas, clientes eléctricos o terceros, en aplicaciones que benefician al sistema eléctrico, a usuarios eléctricos específicos o a ambos. Esta definición incluye el almacenamiento y la tecnología para la autogestión de la demanda interna. Las razones para volver a este tipo de generación se encuentran en las ventajas que para el desarrollo presenta esta forma de producción de energía eléctrica. Así, producir la electricidad cerca del usuario permite reducir tanto las pérdidas en el transporte de la energía eléctrica como las inversiones en infraestructuras, dando más seguridad en el suministro a dicho usuario. Las tecnologías susceptibles de trabajar en generación distribuida, es decir, unidades pequeñas de alto rendimiento, están bastante diversificadas. Hoy día se encuentran en nivel comercial los motores de gas natural y de fuelóleo, las turbinas y microturbinas de gas y las pequeñas turbinas de vapor. En el medio plazo alcanzarán este desarrollo comercial las pilas de combustible.

La generación distribuida va estrechamente ligada a la cogeneración, es decir, la producción simultánea de electricidad y calor, que desde hace pocos años se denomina poligeneración, en el sentido de poder producir además de calor otras formas de energía, como por ejemplo frío, mediante el empleo de máquinas de absorción. La cogeneración se adapta muy bien a las tecnologías de generación distribuida porque el calor o frío producido se ha de consumir de manera local, es decir, cerca del usuario final, y estas tecnologías presentan buenas cualidades para el aprovechamiento de sus calores residuales, con lo que pueden producir agua caliente o vapor que se consume de forma directa o bien sirve como accionamiento a máquinas de absorción para producir frío. En España este tipo de generación eléctrica está regulada en el Régimen Especial, que como apoyo ofrece mejores precios por la electricidad a este tipo de suministradores. Desde la Unión Europea también se apoya este tipo de generación, tratando de suplir carencias de la legislación de los países miembros (Parlamento Europeo, 2004).

Si bien es difícil que el futuro de la generación eléctrica vaya por desechar las grandes centrales, sí que es esperable que la generación distribuida gane cuota de mercado y ayude al sistema centralizado a satisfacer la demanda, contribuyendo así a un desarrollo más justo y solidario. Por otra parte, esta solidaridad y responsabilidad en el uso de la energía entre usuarios se verá reforzada en la medida en que aumenten los autogeneradores, popularizándose a pequeños ayuntamientos, comunidades de vecinos, etc. Para que esto sea posible será necesaria la aparición de empresas gestoras de energía que ofrezcan servicios integrales para que el usuario final no se convierta en un tecnólogo, aunque sí en propietario o al menos arrendatario de esta tecnología, como ahora lo es de las centrales térmicas de calefacción.

7. Conclusión

A lo largo de este capítulo se ha revisado el estado actual de las tecnologías energéticas, planteando hacia dónde es esperable que deriven. Se ha comprobado que el escenario actual de la energía favorece los conflictos internacionales al posibilitar el ejercicio de políticas de presión de los países ricos en recursos debido a su elevada concentración; por el contrario, las fuentes de energía que se podrían aprovechar de manera sostenible en el futuro (carbón, uranio y energías renovables) presentan una elevada dispersión mundial, lo que contribuye a reducir la tensión internacional en la medida en que dificulta el establecimiento de grupos de presión.

Para que estas nuevas energías se lleguen a desarrollar es preciso que la sociedad tome conciencia del problema y reciba información objetiva para que pueda formar su propio criterio, debido a que la percepción actual del carbón y de la energía nuclear es en general negativa. Por otra parte, el nivel actual de desarrollo no permite reemplazar los combustibles fósiles sólo con energías renovables, o al menos no a los actuales precios energéticos, relativamente moderados.

En la medida en que la sociedad tome conciencia del problema y admita la implantación de las nuevas tecnologías se irá creando un desarrollo más sostenible que permitirá superar las situaciones de violencia y pugna por los recursos energéticos debido a que desaparecerá la situación de poder de unos pocos y se facilitará el acceso a los países en vías de desarrollo a una tecnología limpia y suficiente para todos.

En cuanto al uso del hidrógeno, su problema de fondo es de dónde se obtiene, lo que devuelve a la elección de una o varias fuentes energéticas sostenibles, como son el carbón, al energía nuclear y las energías renovables. Una vez transformadas a hidrógeno permitirán su empleo como vector energético, pudiendo penetrar así en el transporte energías como la nuclear o la eólica. El empleo de biocombustibles también permitirá lograr una sostenibilidad en el transporte, responsable hoy de gran parte de las emisiones de efecto invernadero y de la contaminación en los grandes núcleos urbanos, si bien es preciso analizar todo su ciclo de vida.

También ha quedado claro que las nuevas tecnologías energéticas requieren energías primarias diversas, debiendo recurrir en el futuro a una cesta energética con varias fuentes, logrando un equilibrio entre ellas y repartiéndolas según la estrategia de cada país, pero siempre tratando de diversificar con objeto de tener flexibilidad ante las oportunidades tecnológicas.

El futuro, por tanto, es esperanzador. Los ingenieros y científicos continúan su labor de investigación y sólo es preciso que la sociedad confíe en ellos y disponga de información para aceptar las soluciones que desde hoy ya le ofrecen.

8. BIBLIOGRAFÍA

AGENCIAS (2006), "Austria y Hungría, los países más afectados por el corte de gas ruso, aseguran que han recuperado el suministro". *El Mundo*, 3 de enero de 2006.

ARENAS, A., GONZÁLEZ-GUTIÉRREZ, L. M., MORATILLA, B. Y., LINARES, P., LÓPEZ-GARCÍA, O., FERNÁNDEZ-BERNAL, F. (Coords.) (2006), *Generación eléctrica con energía eólica: presente y futuro, Colección: Avances de ingeniería. Serie: Análisis de situación y prospectiva de nuevas tecnologías energéticas. Vol.1.* Madrid: Asociación Nacional de Ingenieros del ICAI y Universidad Pontificia Comillas.

BEJAN, A. (1997), *Advanced engineering thermodynamics.* New York: John Wiley & Sons.

CASADO, J. (Coord.) (2003), *Generación eléctrica distribuida. Guías técnicas de energía y medioambiente (2).* Madrid: Fundación Gas Natural e Instituto de la Ingeniería de España.

CEBALLOS, C. (2006), *Aumento de potencia de turbinas de gas. Caso práctico en Arabia Saudí. Aula de Tecnologías Energéticas de la Cátedra Rafael Mariño (22 de marzo de 2006).* Madrid: Universidad Pontificia Comillas (http://www.upcomillas.es/catedras/crm).

ELCOGAS (1997), *ELCOGAS. Central GICC de Puertollano.*

ENDESA (1988), *Combustión de carbón en lecho fluidizado presurizado. Planta ES-CATRÓN.*

EUGUI, P. (2006), *ACCIONA biocombustibles. Producción y pruebas. Jornada Anual de la Cátedra Rafael Mariño "Biomasa: estado actual y perspectiva inmediata"*. Madrid: Universidad Pontificia Comillas (http://www.upcomillas.es/catedras/crm).

FORO NUCLEAR (2004), *Energía 2004*. Madrid: Foro de la Industria Nuclear Española.

FORO NUCLEAR (2005), *Energía 2005*. Madrid: Foro de la Industria Nuclear Española.

GÁLVEZ, M. (2005), *Los combustibles fósiles. Curso de Energía y combustibles (13 a 22 de junio de 2005)*. Madrid: Foro de la Industria Nuclear Española.

GARCÍA-CASALS, X. (2005), *Renovables 2050. Un informe sobre el potencial de las energías renovables en la España peninsular*. Madrid: GREENPEACE.

GARCÍA-PEÑA, F. (2006), *Generación de electricidad e hidrógeno a partir de la gasificación de carbón y secuestro de CO_2. Aulas de conocimiento de la energía "Ciclo del Hidrógeno" (8 de marzo de 2006)*. Madrid: Club Español de la Energía.

GÓMEZ, J. (2003), "¿Un verano de apagones?". *Libertad Digital*, (www.libertaddigital.com, 12 de junio de 2003).

GÓMEZ-ZAMORA, A. (2005), *Central termosolar ANDASOL-1. Jornada Anual) de la Cátedra Rafael Mariño "Energía Solar: estado actual y perspectiva inmediata"*. Madrid: Universidad Pontificia Comillas (http://www.upcomillas.es/catedras/crm).

HAYWOOD, R. W. (2000), *Ciclos termodinámicos de potencia y refrigeración*. Méjico D.F.: Limusa.

INTERNATIONAL ENERGY AGENCY (2002), *World Energy Outlook 2002*. París: OECD/IEA.

LINARES, J. I., HERRANZ, L. E., MORATILLA, B. Y. y LÓPEZ-ÁLVAREZ, R., (2006), "Performance assessment of indirect Brayton power cycles for high-temperature gas-cooled nuclear reactors", in *Proceedings of ASME-ATI International Conference on Energy: production, distribution and conservation*, Milan, Italy, May 14-17.

LÓPEZ-ÁLVAREZ , R. (2006), *Análisis prospectivo de centrales nucleares de generación IV basadas en ciclos de Brayton indirectos. Proyecto Fin de Carrera, ETSI-ICAI*. Madrid: Universidad Pontificia Comillas.

MOORE, P. (2006), "Going nuclear", in *Whasington Post*, April 16.

MURRAY, R. L. (2001), *Nuclear energy*. Boston: Butterworth & Heinemann.

NOVALES, G. (2006), *Producción de biocarburantes y aplicaciones en el transporte. Jornada Anual de la Cátedra Rafael Mariño "Biomasa: estado actual y perspectiva inmediata"*. Madrid: Universidad Pontificia Comillas (http://www.upcomillas.es/catedras/crm).

OFFICE OF ADVANCED NUCLEAR RESEARCH (2005), "Generation IV nuclear energy systems. Ten-year program plan. Volume I", DOE Office of Nuclear Energy, Science and Technology. March.

PARLAMENTO EUROPEO, "Directiva 2004/8/CE de 11 de febrero de 2004 relativa al fomento de la cogeneración sobre la base de la demanda de calor útil en el mercado interior de la energía y por la que se modifica la Directiva 92/42/CE", en *Diario Oficial de la Unión Europea*, 22 de febrero de 2004.

PETCHERS, N. (2003), *Combined heating, cooling & power handbook: technologies & applications*. New York: Fairmont Press & Marcel Dekker.

RIFKIN, J. (2002), *La economía del hidrógeno*. Barcelona: Paidós.

SABUGAL, S. y GÓMEZ, F. (2006), *Centrales térmicas de ciclo combinado. Teoría y proyecto*. Madrid: Díaz de Santos – ENDESA.